I0180497

www.ingramcontent.com/pod-product-compliance
Lightning Source LLC
Chambersburg PA
CBHW051720020426
42333CB00014B/1072

بقلم

محمّدرضا شاه پهلوی
شاهنشاه فقید ایران

انقلاب سفید

شرکت کتاب

White Revolution
Subject: Contemporary History of Iran
Author: Mohammad Reza Shah Pahlavi
Copyright © 2025 Ketab Corporation
All right reserved.
3rd Edition: 2025

انقلاب سفید
موضوع: تاریخ معاصر ایران
نویسنده: محمدرضا شاه پهلوی
چاپ سوم: ۱۴۰۳ خورشیدی- ۲۵۸۳ ایرانی خورشیدی- ۲۰۲۵ میلادی

No part of this book may be reproduced in any manner without the express written consent of the author / publisher, except in the case of brief excerpts in critical reviews or articles.
For information about permission to reproduce selections from this book, write to Permissions @ Ketab Corporation

The Library of Congress Cataloging-in-publishing Data is available upon request.

ISBN: 978-1-59584-238-1
Ketab Corporation:
12701 Van Nuys Blvd., Suite H,
Pacoima, CA, 91331, USA
www.ketab.com

3 2 3 4 5 6 7 8 25

فهرست

	صفحه
مقدمه	۱
اصلاحات ارضی	۳۲
ملی شدن جنگلها و مراتع	۶۳
فروش سهام کارخانه های دولتی بعنوان پشتوانهٔ اصلاحات ارضی	۸۰
سهیم شدن کارگران در سود کارگاهها	۸۶
اصلاح قانون انتخابات	۱۰۳
سپاه دانش	۱۲۰
سپاه بهداشت	۱۴۶
سپاه ترویج و آبادانی	۱۵۵
خانه های انصاف	۱۶۱
نظری به سایر آثار انقلاب ایران	۱۷۴
انقلاب ایران و سیاست جهانی ما	۱۸۹
تکمیل اصول انقلاب	۲۰۷

مقدمه

چند سال پیش کتابی بنام « مأموریت برای وطنم» تألیف کردم که در آن آنچه بنظرم برای آشنائی با گذشتهٔ ایران و آگاهی بر وضع ایران‌عصر ما تا سال ۱۳۳۹ ضروری بود، تشریح شده بود. این کتاب را بدان جهت‌نوشتم که‌عقیده داشتم لازم است‌در عصری که همبستگی ملل جهان بیکدیگر پیوسته زیادتر میشود ، و روز بروز بیشتر جوامع مختلف گیتی بصورت اعضای یک خانواده واحد بشری در میآیند ، وضع ایران چه برای خود ملت‌ایران و چه برای مردم‌جهان از هرجهت روشن گردد .

در فاصله انتشار آن کتاب تا بامروز ، انقلاب اجتماعی عظیمی در ایران صورت‌گرفته که وضع جامعه ما را بکلی دگرگون کرده است ، وکتاب حاضر را بدین منظور مینویسم که اصول این انقلابی را که منشور اجتماع آینده ما خواهد بود روشن کرده باشم.

ما امروز خط‌مشی سیاسی و اجتماعی و اقتصادی کشور خویش را بر اصول انقلابی قرار داده‌ایم که ملت ایران اراده قاطع خود را در تأیید آن اعلام داشته‌است. تمام آنچه ما درحال حاضرانجام میدهیم، و تمام آن برنامه‌هائی که برای آینده کشور خویش طرح کرده‌ایم ،

براصول همین انقلاب متکی است . ما نه نقشه های پنهانی برای توسعه و تجاوز داریم ، نه افکار جاه طلبانه‌ای بزیان دیگران در سر میپرورانیم و نه شیوه اختناق افکار و سلب آزادیهای فردی واجتماعی را برای پیشرفت ظاهری خود بر گزیده‌ایم . بعکس ، آنچه ما بعنوان اصول کار خویش برای آینده در نظر گرفته‌ایم ، اصلاحات وسیع اجتماعی، سازندگی اقتصادی توأم با اقتصاد دموکراتیک ، پیشرفتهای فرهنگی، همکاری بین‌المللی، احترام بمعتقدات معنوی و به آزادیهای فردی و اجتماعی است . تصور میکنم کشور من اصولا نمیتواند راهی بجزاین برای ساختن آینده خویش در پیش گیرد ، زیرا این تنها راهی است که با سنن دیرینه تاریخی و با مأموریت معنوی و جهانی این ملت مطابقت دارد ، و خداوند را سپاسگزارم که درست درموقعی که شرایط تاریخی و وضع بین‌المللی امکان طرح و اجرای چنین برنامه‌ای را بکشور من داده ، زمام امور این مملکت و ملتی راکه از صمیم‌قلب بدان عشق میورزم و احترام میگذارم بدست من سپرده است . امروز من و ملتم یک پیوند قلبی و روحی ناگسستنی با یکدیگر داریم که شاید نظیر آنرا در هیچ جای دیگر جهان نتوان یافت . اساس چنین پیوندی نه فقط تصمیم راسخ من درین باره است که وجود خود را بالمره وقف ترقی و تعالی کشورم بکنم ، و نه فقط آن اعتمادی است که ملت حقشناس ونجیب ایران براثر جریان حوادث و آزمایشهای بیست‌وشش ساله نسبت به پادشاه خود احساس میکند ، بلکه اصولا بستگی به حیثیت و مقام معنوی سلطنت و شخص شاه درکشور ایران دارد که برسنتی بسیار کهن متکی‌است . بقول کریستن سن دانشمند وایرانشناس معروف دانمارکی : « یک پادشاه واقعی در ایران فقط یک رئیس

سیاسی مملکت نیست ، بلکه دردرجه اول یک معلم و یک مرشداست : کسی است که نه تنها برای ملت خود راه و پل وسد و قنات‌میسازد ، بلکه روح و اندیشه و قلب مردم را رهبری میکند .»

بهمین جهت است که شاه در ایران، اگر پادشاهی مورداعتماد ملت خویش باشد ، میتواند بااتکاء بهمین حیثیت ونفوذ عظیم‌معنوی خود دست بکارهائی چنان وسیع و اساسی بزند که مشابه آن را در هیچ کشور دیگری جز با توسل به‌شیوه‌های انقلابی و سلب آزادیهای مدنی و فردی ویا بطور خیلی تدریجی و طولانی نمیتوان انجام داد .

درسالهای اخیر احساس کردم که شرایط ملی و بین‌المللی‌لازم برای انجام انقلاب اساسی و ریشه‌داری که‌میباید اساس جامعهٔ ایرانی را بکلی تغییر دهد و آنرا بصورت اجتماعی همآهنگ با پیشرفته‌ترین جوامع امروزی جهان ومتکی بر مترقیانه‌ترین اصول عدالت اجتماعی وحقوق فردی درآوردفراهم شده است . از لحاظ‌بین‌المللی وضع‌مملکت بسیار مستحکم بود ؛ از نظر روحی جامعه ایرانی بیش از هر وقت تشنه اصلاحات واقعی و انقلابی‌بود ؛ واز لحاظ حکومتی حیثیت‌ونفوذ سیاسی ومعنوی پادشاه مملکت در حد اعلای خود بود . درنتیجه‌من میتوانستم با قاطعیت دست بکار آن تحول اجتماعی عظیمی بشوم که بعدها « انقلاب شاه و ملت » نام گرفت ، و با تحقق آن معجزه‌ای که تا آنوقت تقریباً در هیچ جا سابقه نداشت وقوع یافت ، یعنی اساس جامعه ایرانی زیر و رو شد بی‌آنکه تقریباً خونی ریخته شود یا خللی در آزادیهای فردی و اجتماعی ملت وارد آید .

بدیهی است آنچه در این راه بزرگترین پشتیبان من بودعنایت و تفضل الهی بود ، زیرا این انقلابی بود که بر اساس عالیترین

موازین عدالت و نوع پروری و طبق تعالیم عـالیه اسلامی صورت میگرفت ، و طبعاً درین راه از تأیید الهی برخوردار بود . در عین حال مسلماً این انقلاب منطبق با ریشه‌دارترین و عمیق‌ترین موازین و آرزوهای تمدن چند هزارساله ایرانی بود ، وگرنه ممکن نبود بااین موفقیت وکمال پیشرفت کند .

ما انقلابی را انجام دادیم که بقول آبراهام لینکلن : «بدخواه هیچکس نبود ، و درعوض خیرخواه همه کس بـود . هدف آن تنها یک چیز بود ، و آن این بود که حق را آنطور که خواسته خداوند است بمردم بدهیم و دراین راه ازهیچ قدرتی بجز ازخداوند نهراسیم .»

آنچه اصالت این انقلاب را باعث میشد این بود که این حق بجای اینکه در انحصار عده معدودی باشد بهمه افراد ملت داده شد ، و این همان‌چیزی بود که بزرگترین بشر دوستان جهان در هر عصری خواستار آن بوده‌اند . چهارده قرن پیش ، حضرت علی علیه‌السلام در نامهٔ معروف خود به مالک اشتر بدو توصیه فرمود : « همیشه کاری کن که عدل شامل خاص و عام گردد ، و درین راه رضای اکثریت را مقدم دار ، زیرا که نا رضائی عامه خرسندی خاصه را بی اثر کند، درصورتیکه نا خرسندی خاصگان در برابر رضایت و خوشنودی عمومی سوجب زیانی نتواند شد ؛ یعنی اگر عموم از تو راضی باشند نا رضائی عده‌ای معدود را اثری نباشد ، و برعکس خوشدلی این عده هرگز جلو آثار ناشی ازعدم رضای عمومی را نگیرد » .

انقلاب سفیدی که بدان اشاره کردم ، در زمستان سال ۱۳۴۱ بصورتی کاملاً قانونی و دموکراتیک و بر اساس عالیترین طرز تجلی ارادهٔ ملـی تحقق یافت . در نـوزدهم دیمـاه این سال ، در اولین

کنگره ملی شرکتهای تعاونی روستائی ایران که در تهران تشکیل شده بود ، اصول این انقلاب را بصورت یک طرح شش مادهای در معرض مراجعه بآراء عمومی گذاشتم ، و این امر در روز ششم بهمن ماه ۱۳۴۱ که باید آنرا مبدأ تاریخ جدید ایران شمرد عملی گردید . نتیجهٔ مراجعه بآراء عمومی تصویب این منشور انقلابی با اکثریتی قاطع و شکننده بود ، زیرا تعداد آراء مخالف حتی به یک هزارم کل آراء نیز نرسید .

بعداً سه مادهٔ دیگر بر این اصول ششگانه افزوده شد ، و بدین ترتیب منشور انقلاب سفید ایران بصورت یک منشور نه مادهای درآمد که اصول آن طی نه فصل در این کتاب تشریح شده است .

ولی قبل از آنکه بشرح و تحلیل مواد نهگانه انقلاب سفید ایران بپردازم ، تصور میکنم لازم باشد محیط و شرائطی را که این انقلاب در آن انجام گرفت و عواملی را که ایجاب کرد تا این تحول نه بطور تدریجی بلکه بصورتی یکجا و سریع صورت گیرد بطور خلاصه تشریح کنم ، زیرا فقط بر اساس چنین تحلیل و تجزیهای است که میتوان بماهیت و مفهوم واقعی انقلاب ایران پی برد .

***

در سوم اسفند ۱۲۹۹ ، تقدیر چنین خواست که سرنوشت مملکت کهنسال ایران از وضع اسفناك و پر مخاطرهای که آنرا تالبهٔ پرتگاه سقوط رسانیده بود خارج شود . در آن زمان، چنانکه در کتاب مأموریت برای وطنم بتفصیل شرح دادهام ، ایران یکی از بدترین دورههای انحطاط خود را میگذرانید ،تا بدانجا که در سال ۱۲۸۶ این کشور بدو منطقهٔ نفوذ شمال و جنوب یعنی روس وانگلیس تقسیم شده بود ،

و این درست مقارن با زمانی بود که ممالک اروپائی، ومملکت جوان تازه نفس و پرقدرت امریکا، وحتی دراین سوی جهان کشوری آسیائی مانند ژاپن با سرعت هرچه تمامتر با پیشرفت صنعتی خود بجانب ترقی میشتافتند. این دورهٔ انحطاط تقریباً از دو قرن پیش از آن در ایران آغازشده وروز بروز فاصلهٔ این مملکت را بادنیای مترقی بیشتر کرده بود.

در آن هنگام بود که یکی از معجزاتی که تاریخ کهن کشور ما چندین بار شاهد آن بوده است بوقوع پیوست، یعنی یک فرزند غیرتمند و مصمم ایرانی قد علم کرد و مملکت را از مهلکه تاخت‌وتاز اجانب و ملوك‌الطوایفی و بی سامانی نجات داد، و در مدت کوتاهی که تقدیر برای او مقرر داشته بود تا آن جا که ممکن بود کشور و جامعهٔ خویش را در راه امنیت و ترقی پیش برد. ولی کار بزرگی که او شروع کرده بود نا تمام ماند، زیرا در این ضمن جنگ جهانی دوم فرا رسید و موقعیت جغرافیائی ایران از یکطرف، و ضعف نظامی آن از طرف دیگر، باعث شد که ایران قربانی احتیاجات سوق‌الجیشی جنگ دوم بین‌المللی قرارگیرد، و نه تنها جهش ما بجلو متوقف شود بلکه منافع سیاسی ونظامی خارجی وسیلهٔ آن گردد که نیروهای ستون پنجم و ارتجاع وفساد ونادرستی و ملوك‌الطوایفی هر یک جولانگاهی برای تاخت و تاز خویش پیدا کنند. پدرم که گوئی در دوران سلطنت خود چنین خطری را باطناً احساس کرده بود، خوب گفته بود که درصدد است چنان سازمان اداری استواری ایجاد کند که بعد از او بدون اتکاء بشخص امور کشور بطور خودکار و طبیعی جریان خود را طی نماید.

متأسفانه او موفق بایجاد آن سازمان اداری مستحکمی که در

نظر داشت نشد ، زیرا در زمان کوتاه زمامداری وی اصولاً فرصت آن نبود که اضافه برآن کارهای ضروری وفوری که بدست او انجام گرفت کاری صورت پذیرد . وقتی که وی زمام امور را بدست گرفت، از امنیت و آرامش نه تنها در نقاط مختلف مملکت بلکه حتی در خود پایتخت خبری نبود ، و نه فقط تنبیه گردنکشان و دزدان قافله و رؤسای قبایل ملوك الطوایفی وخان ها که عده‌ای از آنها اصولاً ایرانی بودن خود را فراموش کرده بودند وهر کدام بساز یکی از اجانب میرقصیدند ضرورت داشت ، بلکه حتی در خود تهران نیز میبایست برای استقرار قدرت حکومت مرکزی تلاش شود ، زیرا این قدرت جز در عرض روز مفهوم واقعی نداشت و از غروب ببعد هر کوی و برزن شهر در اختیار یکی از قلدرانی بود که باصطلاح محلهٔ خود را قرق میکرد .

علاوه بر استقرار امنیت کار ایجاد ارتش منظم ، ساختن جاده‌های مواصلاتی وراه‌آهن سرتاسری ، بنای مدارس و بیمارستانها ، تأسیس کارخانه‌ها ، اعزام دانشجو بممالك خارجی ، کشف حجاب زنان و متحدالشکل کردن لباس مردان وبسیار کارهای فوری دیگری از این قبیل ، حقیقتاً امکان اقدام بیشتری را در آن مدت کوتاه نمیداد و دیگر فرصتی برای شالوده ریزی اجتماع نوین ایران نبود ، بخصوص که هنوز کادر فنی وعلمی مجهزی بهیچوجه در ایران وجود نداشت.

در ۲۵ شهریور ۱۳۲۰ که من زمام امور کشور را بدست گرفتم ، شیرازه کارها براثر تجاوز بیگانگان بکلی ازهم گسیخته بود ، وبطوریکه گفتم نیروهای اهریمنی فساد و ارتجاع وستون پنجم خارجی که در دوران پدرم موقتاً سر کوب شده بودند از نو میدان وسیعی برای تاخت و تاز خود بدست آورده بودند . از آن زمان تا مدتی قریب به بیست

ودو سال ، یعنی تا بهمن ماه ۱۳٤۱ من و کشورم نشیب وفرازهای عجیبی را گذرانیدیم و صحنه های ساختگی گوناگونی را شاهد بودیم که سر نخ غالب بازیگران آنها چون عروسکهای خیمه شب بازی در دست خارجیها بود. بسیاری از این بازیگران که حربه آنها فقط عوام‌فریبی داخلی و خوش‌رقصی برای بیگانگان بود ، یا اصولاً هیچ هدفی غیراز خدمت باجنبی نداشتند ویا تمام منظورشان انتقامجوئی از من ودودمان من بود. اینها که لیاقت کمترین کار مثبت وانجام خدمتی را بمملکت نداشتند فقط میتوانستند از راه تخریب و در هم ریختن شالوده مملکت عرض وجود کنند ، وشعار واقعی ایشان این ضرب‌المثل معروف فارسی بود که : « یا علی غرقش کن ، من هم رویش ».

حالا که حوادث این بیست وشش سال سلطنت خود را از نظر میگذرانم ، میبینم که واقعاً یکی از عواملی که مرا بیش از هر چیز درین مدت رنج داده همین نقش ریاکارانه ومزورانه و ننگین برخی از رجال سیاسی ما بوده است که در پشت قیافه‌ای ظاهرالصلاح هدفی جز تخریب وکارشکنی نداشتند و آنچه در حساب آنها نمیآمد منافع واقعی جامعه ایرانی بود. چقدر باین حقیقت برخورد کردم که کسی که ظاهراً با خارجی مخالفت میکرد باطناً از خود او دستورمیگرفت ، ومن در تأیید این موضوع دلائل ومدارك قاطع داشتم. چقدر برایم زجرآور بود که شاهد چنین جریانی باشم ، ولی ناگزیر باشم بخاطر مصالح مملکت موقتاً سکوت بکنم تا موقع مناسب فرا برسد . چقدر دلخراش بود که کسانی درظاهر بملت خوش باور ایران که تشنه اصلاحات و مخالف با اعمال نفوذ خارجی بود خود را علمدار مخالفت با اجنبی و از این راه ملی و وطنپرست جلوه میدادند ، ولی من میدانستم که

سر و کار هر یک از آنها با کدام سیاست خارجی است و مأموریت واقعی او چیست.

عوامل اعمال نفوذ خارجی در ایران بچند دسته تقسیم میشدند: یکی از این دسته‌ها همین باصطلاح رجال سیاسی بودند که بعضی از آنها آشکارا مارکدار بودند و سنگ سیاستهای معینی را بسینه میزدند، و بعضی دیگر بدستور خارجیها باصطلاح « نعل وارونه میزدند » و در لباس ملیت و آزادیخواهی قسمتی دیگر از نقش سیاست بیگانه را ایفاء میکردند . دسته دیگر ازین عوامل ، فئودالها بودند که تقریباً حکومتهای محلی برای خود ایجاد کرده بودند و برای حفظ منافع خویش در خدمت بخارجی مسابقه گذاشته بودند ، و این دسته بخصوص در جنوب ایران فعال بودند . یک دستهٔ دیگر از عمال نفوذ خارجی ، بعضی از باصطلاح روحانیون بودند که همه میدانیم که بعد از شروع مشروطیت چگونه بخصوص مورد استفاده سیاست یکی از دول خارجی واقع میشدند . تمام این عوامل نفوذ بیگانه مانع و سد راه پیشرفت مملکت بودند ، برای اینکه منافع خارجی ایجاب میکرد که پیوسته یک وضع برزخی و یک حالت بیسامانی در مملکت ما حکمفرما باشد تا بیگانگان بتوانند از این وضع بهره برداری کامل بکنند . بعد از جنگ دوم جهانی و تجاوز بیگانگان بایران ، باین عوامل بدبختی ستونهای پنجم علنی و غیر علنی نیز افزوده شدند ، و خارجیها شروع بایجاد احزاب متعدد در ایران کردند تا هر کدام از راه حزب یا احزاب وابسته بخود منافع خویش را تأمین کنند . عجب این بود که تمام این تشکیلات و همهٔ این عوامل خارجی فقط در یک مورد با هم اشتراک نظر و هماهنگی داشتند ، و آنهم مخالفت با قدرت سلطنت در ایران بخصوص

سلطنت دودمان پهلوی بود ، زیرا خوب متوجه شده بودند که من نمیتوانستم شریک اغراض ومطامع آنها شوم ، وبعنوان پادشاه مملکت اصولاً برای من غیر از مصالح عالیه کشورم نمیتوانست هدفی وجود داشته باشد .

باید بگویم که یکی از اصول سیاست بیگانگان این بود که بقدری حس بدبینی و سوء ظن و بی اعتمادی را در ملت ایجاد کنند که مردم هیچ کاری را باور نکنند و بهمه چیز با تردید و بدگمانی بنگرند ، و بهمین جهت دستوری که سالیان دراز توسط عمال خارجی اجرا میشد این بود که این حس بدبینی و سوء ظن را هرچه بیشتر توسعه دهند و اعتماد عمومی را باینکه بدون خواست خارجی مطلقاً کاری امکان پذیر نیست راسخـتر سازند و عقدۀ حقارتی را که عمداً بوجود آورده بودند پیوسته زیادتر کنند .

بدیهی است آن کس که از این وضع بیشتر از همه رنج میبرد ، کسی بود که سکان کشتی سرنوشت ایران را در اقیانوس متلاطم سیاست جهان در دست خود داشت . من نمیتوانستم شریک این کوتاه بینی ها و تنگ نظری ها باشم، زیرا بحکم مقام خود مافوق همۀ آنها قرار داشتم . من نه از داخل این جریانات روزمره ، بلکه از بالای آنها بسرنوشت و مصالح مملکت و ملت خودم مینگریستم ، و آنچه برایم اهمیت داشت اغراض شخصی و خرده حسابهای ناچیز نبود ، بلکه تاریخ ایران بود . من میبایست این میراث گرانبها و کهنسالی را که استقلال و حاکمیت و شرافت ملی ایرانی نام داشت ، و تاریخ آنرا بصورت ودیعۀ مقدسی بدست من سپرده بود ، کاملتر و غنی تر از آنچه تحویل گرفته بودم بدست نسلهای آینده بسپارم . من فقط پادشاه

یک طبقهٔ حاکمهٔ غالباً فاسد و مرتجع ، یا یک دسته سران ملوک ـ الطوائفی ، یا یک عده گمراه یا خائن که خود را بصورت ستون پنجم در اختیار بیگانه گذاشته بودند نبودم ، بلکه در درجهٔ اول پادشاه بیش از بیست میلیون تن مردم شریف و زحمتکش واصیل ایرانی بودم که چشم امید خود را بمن دوخته بودند. من خوب میدیدم که چطور دسترنج این عده و حاصل زحمات طاقت فرسای شبانروزی آنان بجیب یک عده مفتخوار یا فاسد میرود که هنری جز خدمت با جنبی یا بند و بست های نامشروع داخلی ندارند ، و احساس میکردم نه میل دارم و نه حق آنرا دارم که چنین وضعی را قبول کنم ، هر چند که شاید خیلی ها مصالح شخصی مرا در سازش با آن طبقه ای میدانستند که اداره امور مملکت را در دست خود داشت.

شاید هیچکس غیر از من و خدای من نداند که چه شبها را تا صبح بتأمل و تفکر گذرانیدم و با خضوع و خشوع تمام برای یافتن چاره از خدای خویش استعانت طلبیدم . فکر میکردم چه علت دارد که مملکت بزرگ و ثروتمندی مثل ایران ، و ملتی که ذاتاً بدین اندازه نجیب و خوش قلب و هوشمند است ، با داشتن چنین سابقهٔ پر افتخار تاریخی ، اینطور دستخوش ماجراهای غیر عادی و نامترقبه بشود و این چنین اسیر زیر و بالای حوادث گردد . بیاد تاریخ میافتادم که چطور روزی ثروت و اقتدار و عظمت این مملکت دنیائی را خیره میکرد ، و روز دیگر مردم آن رنجور و گرسنه و بی پناه و بی مأوا و اسیر فقر و بیسامانی بودند . چطور روزی شاه سلطان حسین صفوی در پایتخت خودش بدست یک مشت دزد قافله زن محاصره میشد ، و بفاصله بسیار کوتاهی بعد از آن از همین مملکت مردی مثل نادر بر میخاست و دنیائی را از فتوحات خویش اسیر شگفتی میکرد .

حتی لازم نبود دور بروم و دوران گذشته را ازنظر بگذرانم ، زیرا در همین زمان خودمان شاهد آن بودم که چگونه مثلا درموقع پس گرفتن آذربایجان برخی از فرزندان این آب وخاک هنگامیکه در میدان رزم از پای درمیافتادند دروقت فدا کردن جان شیرین خود نام ایران را با خون خویش برروی زمین مینوشتند ، و درهمان وقت بعضی دیگر از افراد همین مملکت مسبب این تجزیه ننگین میشدند ویا ازراههای دیگر درصدد جاسوسی و تسلیم کشور باجانب مختلف برمیآمدند .

نمیخواهم بیکایک تناقضات وبه قطب های کاملا متقابلی که در اجتماع ما وجود داشت اشاره کنم ، زیرا این قبیل شواهد یکی و دوتا نیست . فقط میخواهم بگویم که تعمق در همه این مسائل ، ومطالعه در باره عللی که باعث ترقی یا انحطاط این مملکت و موجب بروز این تناقضات عجیب در آن شده بود و میشد ، مرا باین نتیجه رسانید که تاریخ باعظمت ایران را ـ که شاید از آن باعظمت تر واعجاب انگیزتر در تاریخ جهان کمتر بتوان یافت ـ دو عامل اصلی پدیدآورده است: یکی موفقیتهای نظامی ، و دیگری تمدن و فرهنگ کهنسال و اصیل این سرزمین . تاریخ شاهنشاهی ما بطوریکه همه میدانند با اعلامیه معروف کورش که مسلماً یکی از درخشانترین تجلیات آزاد منشی و عدالت خواهی در تاریخ بشری است آغاز شد و بموجب این منشور برای اولین بار حق آزادی عقیده و سایر حقوق انسانی تا آنجا که درآن عصر مفهوم داشت بهمه افراد ملل تابعه شاهنشاهی داده شد ، از غارت و تاراج که روش معمول فاتحین بود جلوگیری بعمل آمد و کار اجباری موقوف گردید ، و ازآن پس تقریباً همیشه این مملکت بصورت مأمن و پناهگاهی برای همه افراد اقلیتها از هرنوع رنگ

ونژاد ومذهب درآمد. بدیهی است درسیستم اجتماعی آن عصر ایران، با اینکه این شاهنشاهی از جهات مختلف تمدن و فرهنگ و اصول قضائی بسیار پیشرفته بود، تعدیل اختلافات طبقاتی واضداد اجتماعی جائی نداشت، زیرا اصولاً سیر تکامل فکری واجتماعی جامعه بشری چه در ایران و چه در سایر جوامع جهان هنوز بمرحله‌ای که چنین تحولی را ایجاب کند نرسیده بود. ولی در این سیر تکاملی تاریخی موقعی نیز فرا رسید که این الزام در جوامع مترقی احساس شد، و متأسفانه در همان ضمن که در ممالک غربی در این زمینه اقدامات دسته جمعی در سطح مملکتی برای کمک به فقرا و درمان بیماران و امور خیریه و اجتماعی و غیره آغاز شد، در ایران بر اثر دوره انحطاط مادی و معنوی همه جانبه‌ای که دامنگیر این مملکت گردید وضع مشابهی پیش نیامد، و هیچ اقدامی برای اصلاحات ولو محدود اجتماعی یا کمک منظم به طبقه فقیر و ضعیف صورت نگرفت.

البته خیلی از افراد در گذشته به پیروی از معتقدات مذهبی یا خیرخواهی شخصی خود ازراه وقف اموال خویش یا ساختن دارالشفاها و درمانگاهها و یا دادن اعانات، بطور خصوصی و انفرادی سعی در تخفیف آلام مستمندان کرده بودند، ولی عصر ما دیگر عصری نیست که این قبیل کارهای خصوصی کافی برای ترمیم بیعدالتیهای اجتماعی و رفع نتایج حاصله ازآنها باشد. درمدتی که کشور ما دوران اسف‌انگیز انحطاط و تنزل خود را میگذرانید، دنیای مترقی با سرعت بجانب تعمیم دانش و استقرار اصول بهداشت دسته جمعی و بیمه‌های گوناگون اجتماعی و تأسیس انجمنهای وسیع خیریه در مقیاس مملکتی پیش میرفت، و متأسفانه ما در همان موقع دچار بدترین نوع فئودالیسم و

بیسوادی و بیخبری مطلق از دنیا بودیم و روز بروز برتعداد فقیران و بیماران و بیسوادان کشورمان افزوده میشد .

توجه بدین حقیقت بود که در طول سالیان دراز مرا پیوسته رنج میداد . در تمام دوران حیات خودم ، چه در زمان ولیعهدی و چه در دوره سلطنت ، بیاد ندارم که دیدار افراد رنجور و ناتوان ایرانی که دچار انواع بیماریهای بومی یا آثار ناشی از کمی و بدی تغذیه و یا عقب ماندگیهای ناشی از جهل و بیخبری بودند مرا عمیقاً متأثر نساخته باشد . خوب میدانستم که این مردم غالباً افرادی با هوش و مستعد هستند که در صورت تربیت و بهداشت و تغذیه صحیح میتوانند بدل به عناصر فعال و مثبت و مفیدی بحال مملکت شوند ، ولی این نکته را هم خوب میدانستم که متأسفانه تاوقتی که عوامل و نیروهای معینی امکان آنرا داشته باشند که این وضع را بخاطر استفاده خود یا بخاطر استفاده بیگانگان بهمین صورت نگاه دارند تغییری در این وضع اسفناک روی نخواهد داد .

این واقعیتی بود که تجربه سالیان دراز بمن آموخته بود . خودم از نخستین سالهای سلطنت خویش سعی کرده بودم از راههای مختلف در بهبود وضع طبقات محروم مملکت و در استقرار اصول عدالت اجتماعی تا آنجا که مقتضیات و شرایط امکان میداد اقدام کنم ، ولی هر باره این کوشش با کارشکنی های مختلف مواجه شده بود .

در دومین سال سلطنت خودم ، یعنی در ایامی که هنوز جنگ جهانی دوم پایان نیافته بود و مسائل حادتری در برابر مملکت قرار داشت ، با توجه بریشه واقعی ابتلائات کشور و ملت خویش اعلام داشتم که میباید اصول پنجگانه ای برای یکایک افراد ملت بعنوان

حداقل احتیاجات آنها تأمین شود که عبارتند از : بهداشت برای همه ، خوراك برای همه ، پوشاك برای همه ، مسکن برای همه ، فرهنگ برای همه .

از آن موقع پیوسته در هروقت و هر جا که فرصت مناسب بدست میآمد ، این اصول را متذکر میشدم و مسئولین امور را متوجه ضرورت اجرای آنها میکردم .

در همان هنگام ، و براساس همین طرز فکر ، بموجب فرمانی تمام املاك مزروعی متعلق بخودم را بدولت واگذار کردم ، بدین منظور که دولت عوائد این املاك را در راه بهبود وضع کشاورزان آنها مصرف کند . ولی در عمل دولت عایدات این املاك را فقط صرف پرداخت حقوق کارمندان همان املاك کرد . بدین‌جهت پس‌از مدتی مطالعه مصمم شدم املاك را از دولت پس بگیرم و آنها را با شرائط ساده بکشاورزانی که در همان املاك بزراعت مشغول بودند بفروشم ، و در عین حال با وجوهی که از فروش این زمینها و املاك اختصاصی گردآوری میشد بانکی تأسیس گردید که بتواند بروستائیانی که تازه صاحب‌زمین شده‌اند وام وسایر کمکهای لازم را بدهد . شاید لازم بتذکر نباشد که درعوائد این بانك خود من کمترین سهمی ندارم و هرچه عاید بانك میگردد طبق اساسنامه آن مجدداً در راه ایجاد منابع تولیدی و تأسیس شرکتهای تعاونی وسایر امور مفید بحال کشاورزان ودرعین حال بر طبق اساسنامه بنیاد پهلوی در راه تأمین هدفهای این بنیاد یعنی کمك ببهداشت عمومی و توسعه فرهنگ و پیشرفت امور اجتماعی وکمك بمستمندان بمصرف میرسد .

درسال ۱۳۲۹ فرمانی مشعر برتقسیم و فروش املاك اختصاصی

خود صادر کردم. امید من این بود که از این راه نه فقط کشاورزان املاك خودم ازصورت رعیت بیرون‌آیند وبدل به مردمی آزاد بشوند ، بلکه این اقدام سرمشقی برای سایر مالکین کشور شود که آنان نیز وظیفه اخلاقی و اجتماعی و ملی خود را درین مورد انجام دهند . متأسفانه نه‌فقط این‌امید من برآورده نشد، بلکه‌اندکی بعد نخست وزیر وقت که با تظاهر باحساسات ضدانگلیسی‌روی کارآمده بود (درحالیکه خود او قبلا بتوصیه سفیر انگلیس در تهران بولایت فارس منصوب شده بود ، و در زمان خود من نیز وقتی پیشنهاد کردم که نخست‌وزیر بشود شرط قبول این سمت را موافقت انگلستان دانست) با تمام قوا ازاجرای برنامه تقسیم املاك شخصی من جلوگیری کرد و آنرا متوقف گذاشت ، واین وضع در همهٔ مدتی که وی برسرکار بود ادامه یافت وفقط بعد ازسقوط او بود که مجدداً کار تقسیم این اراضی آغاز گردید.

با توجه بآنکه سرمشق من‌مورد پیروی سایر مالکان کشورقرار نگرفته بود ، در سال ۱۳۳۸ دولت وقت بدستور من لایحه‌ای قانونی بمجلس تقدیم کرد که بموجب آن میزان اراضی مزروعی که یک نفر و یا یک دسته مشترکاً در ملکیت خویش داشتند محدود میشد و میبایست هر چه اضافه بر آن داشته باشند بدولت بفروشند تا دولت بنوبه خود آنها را بقطعات کوچک و با شرائط آسان بکشاورزان خرده مالک بفروشد. ولی این قانون درمجلس بکلی مسخ شد و بصورتی درآمد که بهیچوجه با منظوراصلی مطابقت نداشت ، و با مداخلهٔ مقام غیرمسئولی که از ترقیات اجتماعی دنیا بی‌اطلاع بود مجلس که طبیعتاً بیشتر افرادآن را نمایندگان هیئت حاکمه یعنی همان ملاکین

و سرمایه‌داران تشکیل میدادند آن لایحه اصلاحات ارضی را بکلی بی‌معنی و بی‌اثر کرد .

بنابراین بطور وضوح احساس کردم که دادن سرمشق شخصی، یا نصیحت و ارشاد و موعظه ، و یاتوسل به طرق عادی پارلمانی هیچکدام نتیجه مطلوب را نمیبخشد ، زیرا هر بار بدست عوامل گوناگون آن اتحاد غیر مقدسی که بین دو قطب کاملاً متقابل یعنی ارتجاع سیاه و قوای مخرب سرخ برای جلوگیری از پیشرفت واقعی کار مملکت بوجود آمده بود ، این اقدامات فلج میشد .

تحلیل و تجزیه این مسائل ، مرا متوجه آن مسئله اساسی و حیاتی کرد که کلید واقعی حل این معما است . با این نتیجه رسیدم که با استفاده از امکانات خداداد این مملکت و با بهره‌برداری ازثروتهای طبیعی و فراوان آن البته میشود باصطلاح پول هنگفتی بدست آورد و با این پول احیاناً راههای درجهٔ یک ساخت و سدهای عظیم بنا کرد وساختمانهای رفیع وبسیار زیبا ایجاد نمود . ولی‌از این‌ساختمانها و سدها و راهها و امثال آن ، چه کسانی میبایست استفاده بکنند ؟ وچند نفرمیبایست‌استفاده بکنند؟ آیامیبایست ازاین راه فقط مالکینی که ثروتمندبودند ثروتمندتر بشوند؟ آیا میبایست‌تنهاعدهٔ معدودی که‌بنام هیئت حاکمهٔ مملکت همهٔ منابع و ثروتها را در دست خود تمرکز داده بودند متنعمتر و قویتر شوند ؟ این همان نکته‌ای است که آنرا درقرن گذشته ، لئون والراس عالم اقتصادی سویسی دردانشگاه لوزان چنین تذکر داد : « تا زمانی که ثروت بطورعادلانه بین افراد جامعه توزیع نگردد ، فراوانی آن چیز مهمی بنظر نمیرسد » .

بدیهی است اگر میبایست تمام فعالیتها وهمه بهره‌برداریها از

منابع طبیعی و انسانی مملکت فقط باین نتیجه برسد ، این کار هیچ نفعی برای ملت واقعی ایران دربر نداشت ودر واقع کوشش بیهوده و حتی ظالمانه‌ای بود . ما میدیدیم که دنیای مترقی درتحت هر رژیمی که هست اصول واحدی را رعایت میکند ، و آن تولید هر چه بیشتر برای توزیع هر چه بهتر ثروت بین افراد ملت است . البته این کار برحسب رژیمهای مختلف ، دربعضی ازکشورهای مترقی بهترودربعضی بیشتر ، در برخی با رعایت آزادی و در بعضی بقیمت فدا کردن این آزادی ویا اصول دیکتاتوری صورت میگرفت ، ولی بهر صورت و در هر کدام ازاین شقوق بنحوی در بهبودوضع زندگی عمومی قدم برداشته میشد .

اصولاً وجود همین تناقضات و بیعدالتیهای اجتماعی ، ولزوم همین تعدیل طبقاتی و توزیع عادلانه ثروت ملی ، درصد سالهٔ اخیر باعث شد که تغییرات و انقلابات فراوانی در جهان روی دهد و رژیمهای گوناگونی زیر و رو شوند وجای خودرا به رژیمهای دیگر بسپارند ، در کشورهای مختلف ، افراد مختلفی پیدا شدند که بعلت همین مظالم و بیعدالتیهای اجتماعی مرامهائی بوجود آوردند که بنظر خودشان و درمحیط و شرائط خاص اجتماع خودشان بهتر منعکس کنندهٔ افکار و تمایلات شخصی آنها و یامنافع‌طبقاتی‌بود که ایشان‌بدان تعلق داشتند و یا با آن آشنا بودند . اینان این اصول و مرامها را یااز راه قلم و یا بوسیلهٔ انقلابات خونین وگرفتن قدرت در دست خویش بمرحلهٔ عرضه و یا اجرا در آوردند و آنها را با موفقیتی کم یا بیش دنبال کردند .

آنچه در این کشورها بصورتهای گوناگون ولی با یک‌هدف و منظور نهائی واحد روی‌داد امری بود که بمقتضای الزام تاریخ و سیر

تحول جامعهٔ بشری صورت میگرفت، زیرا درعصرما اساس اجتماع چندهزار سالهٔ بشری دچار دگرگونی عمیق و اساسی شده است. آن نظم اجتماعی که در طول قرون متمادی برقرارشده بود ، و در آن وجود امتیازات و تبعیضهای طبقاتی امری کمابیش طبیعی شمرده میشد ، با پیشرفت آموزش ورشد فکری اجتماعی وعلمی وصنعتی افرادامروز دیگربهیچوجه قابل قبول نیست .

آخرین کوششی که درسطح جهانی برای قبولاندن اصل برتری نژادی صورت گرفت با خونین ترین جنگ تاریخ جهان برای همیشه شکست خورد و جای خود را بمنشور ملل متحد سپرد که اساس آن حق برخورداری مساوی کلیهٔ نژادها و ملتهاومذاهب و افراد از حقوق طبیعی انسانی است . حتی کلیسا نیز که بدلیل وابستگی خود باصول آسمانی حق دارد سازمانهای خویش را ابدی بشمارد، بطوریکه میبینیم داوطلبانه بتحول عمیق ووسیعی دراین سازمانهاواصول برای تطبیق خودباالزامات اجتماعی امروز جهان دست زده است . خوشبختانه روح واقعی مقررات اسلامی همواره با این تحولات و تغییرات هماهنگ بوده‌است .

بنابراین برای کشور وملت‌ما چاره‌ای‌جز این نبود که اگر بخواهد درزمرهٔ ممالک زنده ومترقی ومستقل جهان باقی بماند، شالودهٔ اجتماعی کهن را زیرو روکند و آینده خویش را براساس اجتماعی تازه‌ای که با مقتضیات و احتیاجات دنیای امروز هماهنگی داشته باشد پی‌ریزی نماید .

با مطالعات کافی در اجتماع ایران ، و تشخیص و تعیین نقاط ضعف و احتیاجات و امکانات خودمان ، و با مطالعه در مقررات و سازمانها وبرنامه های اجتماعی دیگران ، وباتحلیل وتجزیه مرامهای

گوناگونی که سایرین یا عرضه و یا اجرا کرده بودند ، و با غور و بررسی آنها و نتیجه گیری از همه آنها، بالاخره بدین نتیجه رسیدم که مملکت ما احتیاج بیک انقلاب عمیق و اساسی دارد که در یک زمان و با یک جهش بتمام تناقضات اجتماعی و همهٔ عواملی که باعث بی عدالتی و ظلم و استثمار میشود و همچنین بتمام جنبه های ارتجاعی که مایهٔ جلوگیری از پیشرفت و ممد عقب افتادگی است خاتمه دهد ، و برای ساختن اجتماع جدیدی در جای آن راه هائی ارائه نماید که بیشتر و بهتر بدرد خود ما بخورد ، یعنی با روحیات ایرانی و اخلاق ایرانی ، با مقتضیات اقلیمی و جغرافیائی این سرزمین ، با مختصات و سنن روحی و تاریخی این ملت سازگار و هم آهنگ باشد ، و در عین حال سریعتر ما را بهدف خود برساند ، که طبعاً چنین هدفی نمیتوانست از همگامی با مترقی ترین اجتماعات امروزی جهان کمتر باشد.

در تمام این طرح ریزیها و نقشه ها ، دو عامل میبایست بهر حال برای ما اساسی و مقدس باشد : یکی اتکاء با صول معنویت و اعتقادات مذهبی که طبعاً در مورد ما عبارت از مذهب اسلام است (زیرا هم مردم و جامعهٔ ما به دین و معتقدات خود صمیمانه پای بند هستند و هم مفهوم واقعی مذهب تحکیم کننده و قوام دهندهٔ نظم روحی و معنوی ما است) ، دیگری حفظ آزادیهای فردی و اجتماعی و حتی تقویت آنها بطوریکه از هر وقت دیگر در تاریخ ما قویتر و بیشتر باشد ، زیرا هر قدر هم پیشرفت مادی درخشان باشد اجتماعی که در آن ایمان مذهبی و اصول معنوی و آزادیهای فردی و اجتماعی وجود نداشته باشد قابل دوام نیست ، و تازه در آن لطف و جاذبه ای نمیتوان یافت . فکر میکنم اصولاً برخوردار نبودن از

لذات معنوی وروحی خود ابتلاء بزرگی است که برای کمترجامعه‌ای قابل تحمل است .

وقتی که پس از مطالعات ممتد باین نتیجه رسیدم که چنین انقلاب اجتماعی همه جانبه‌ای برای نجات کشور و ارتقاء آن به صف مترقی‌ترین ملل و جوامع امروزی جهان امری ضروری است ، خوب احساس کردم که وظیفهٔ من درین مورد چیست . توجه بحوادث گوناگون گذشته که در آنها هر بار بطوری معجزه آسا از مهالک گوناگون رهائی یافته بودم ، و توجه بدانکه در مدت سلطنت خود من مملکتم نیز بکرات بهمین طریق معجزه آسا از خطر سقوط نجات یافت ، مرا متوجه این حقیقت میکرد که هنوز مأموریت من درخدمت باین آب وخاك بپایان نرسیده است ، و شاید رازی را فاش نکرده باشم اگر بگویم برای خودم مسلم بود که خداوند مایل بود کارهائی بدست من و برای خدمت بملت ایران انجام بگیرد که شاید از دست دیگری ساخته نبود . من درتمام آنچه کرده‌ام ، وآنچه خواهم کرد ، خودرا عاملی برای اجرای مشیات الهی بیش‌نمیبینم ، و فقط از درگاه احدیتش مسئلت دارم که همواره مرا در انجام مشیات کاملهٔ خویش براه راست هدایت فرماید و از اشتباه دوردارد .

در سال ۱۳۴۱ ، بعد از طی نشیب و فرازهای گوناگون در موقعیتی قرار داشتم که اجازهٔ این کار را بمن میداد . ملت ایران بمن اعتماد کامل داشت و آن پیوند قلبی و روحی که‌قبلاً بدان‌اشاره کردم از هروقت دیگری میان من و ملتم استوارتر بود. ملت ایران شاهد آن بود که من در تمام مدت سلطنتم برای حفظ استقلال مملکت مبارزات گوناگونی کرده بودم که یکی از آنها باز گرداندن

آذربایجان بآغوش مام وطن بود . شاهد آن بود که با تقسیم املاک خودم بزارعین و با بخشیدن بیش از هشتاد درصد ثروت شخصی خویش بامور خیریه ویا برای پیشرفت کارهای مملکت ، تا آنجا که برای شخص من امکان داشت درخدمت بمملکت و ملت خودم کوشیده بودم. با اتکاء بهمین اعتماد کامل ملت و با توجه بدانکه هدف من در ایجاد تحول چیزی جز سعادت جامعهٔ ایرانی نبود - و یقین داشتم که ملت هوشمند ایران این موضوع را بخوبی احساس میکند - حاصل مطالعات خودم را در یک برنامه انقلابی بمعرض افکارعمومی گذاشتم و برای تصویب برأی ملت ایران واگذار کردم. روز ششم بهمن‌ماه ۱۳۴۱ مردم ایران این برنامه را با اکثریتی قاطع تصویب کردند و بدین ترتیب انقلاب اجتماعی عظیم ایران با دموکراتیک‌ترین صورت ممکن وارد مرحلهٔ عمل گردید .

فلسفه و روح این انقلاب چه بود ؟ همانطور که گفتم ، این انقلاب در درجهٔ اول یک انقلاب ایرانی و منطبق با روح و سنن ایرانی بود. ما این انقلاب را بصورت یک کالای وارداتی تحویل ملت ندادیم ، زیرا اصولاً شأن ملت ما که خود درطول هزاران سال خلاق فکر و فلسفه ومنطق بوده است این نیست که در این مورد « جامهٔ عاریت » دیگران را برتن کند. ما راههائی بر اساس نبوغ ایرانی و با در نظر گرفتن تمام اصول ذکر شده اتخاذ کرده بودیم که طبعاً در آنها از تجارب مفید دیگران استفاده شده بود ، ولی بخصوص هرقسمت ازآن که لازم بود ابداع خودما بود.

امرسن ، نویسنده ومتفکر بزرگ امریکائی قرن نوزدهم ، گوئی درست در وصف این‌انقلاب ما نوشته است : « در تاریخ اصلاحات ،

هرطرح وقتی واقعاً اصیل و خوب بوده که حاصل اندیشه و خواست صحیح یک نفر یا یک اجتماع بوده ، ولی هروقت که فقط از دیگران گرفته شده بجای سود زیان بخشیده است . »

بدیهی است در این انقلاب اصیل ما همه جا آن دو اصل مقدس وکلی که ذکرکردم ، یعنی توجه بمعنویات و مذهب و حفظ آزادیهای فردی و اجتماعی ، و نیز این اصل کلی که هرنوع آثار استثمار و هروضعی که فقط بنفع یک اقلیت محدود و بزیان اکثریت باشد از میان برود رعایت شده بود .

بخاطر تحقق این هدفها بود که میبایست اصلاحات ارضی انجام گیرد و اصول فئودالیسم و روابط ارباب و رعیتی از میان برود ؛ میبایست روابط کارگر با کارفرما براساس جدیدی قرار گیرد که کارگر خودش را استثمار شده احساس نکند ؛ میبایست نیمی از جمعیت مملکت یعنی جامعهٔ زنان ایرانی دیگر در زمرهٔ دیوانگان و بدکاران از حقوق اجتماعی خود محروم نباشند ؛ میبایست ننگ وبلای بیسوادی از مملکت ما ریشه کن شود و آن عده بیسواد که طبعاً نمیتوانستند حقوق خود را بشناسند تا از آن دفاع کنند بدل بمردمی مطلع و آشنا بحقوق خود گردند ؛ میبایست دیگر کسانی پیدا نشوند که براثر فقدان وسائل بهداری و نبودن پرستار و دلسوز یا از بیماریهای مختلف تلف شوند و یا با رنجوری و فلاکت و بد بختی عمر بگذرانند ؛ میبایست آثار عقب افتادگی در دهات کشور از میان برود و روستاهای فقیر و غیر آباد با شاهراههای مواصلاتی مملکت مرتبط گردند و وضعی هماهنگ با تمدن امروز دنیا پیدا کنند .

از طرف دیگر فلسفه انقلاب ما ایجاب میکرد که ما در طرز

استفاده از منابع ثروت مملکت اصول صحیح منطق وعدالت را رعایت کنیم . لازمه این امر این بود که ثروت خدا دادی کشور ، یعنی چیزی که افراد درخلق آن دستی نداشته و زحمتی نکشیده‌اند،ازقبیل معادن بزرگ زیرزمینی یاماهیهای دریاهای ایران یاجنگلها و مراتع بزرگ طبیعی وهمچنین صنایع بزرگی که تعیین کنندهٔ قیمتها میشوند و جنبهٔ تراست وکارتل پیدا میکنند در اختیار افراد و یا شرکتهائی قرارنگیرند که عملاً جانشین اقلیتهای‌سابق ملوك‌الطوائفی‌ویا هیئتهای حاکمهٔ از بین رفته شوند و ازین راه اجتماع جدید ایران دچار هیئت حاکمه تازه‌ای از سرمایه دارهای این قبیل صنایع تعیین کننده قیمتها گردد. باین جهت تشخیص دادیم که اموری که جنبهٔ عمومی دارد و مربوط به همه افراد مملکت است ، نمیتواند صورتی غیردولتی‌یعنی درواقع غیر ملی داشته باشد . راه آهن ، پست و تلگراف ، خطوط هوائی ، صنایع نفت و فولاد وامثال آنها باید درخدمت همهٔ‌اجتماع ایران قراربگیرند وباقی بمانند. همینطور جنگلها ومراتع ایران وشیلات ایران و سدها ورودخانه‌ها وهرچیز دیگری از این قبیل متعلق بعموم مردم افراد مملکتند وکسی حق مالکیت خصوصی برآنها را ندارد.

درمورد سدها و رودخانه‌ها و بطور کلی آنچه بمنابع آب کشور مربوط میشود ، باید گفت که این موضوع مستقیماً باآینده و باحیات وسرنوشت ملی ما ارتباط دارد ، وبهمین جهت اهمیت آن بقدری است که درآینده ملی شدن این‌منابع دهمین اصل انقلاب ما اعلام خواهد شد . دراین باره درفصل مربوط به اصلاحات ارضی توضیح مبسوط خواهم داد.

ولی درعین حال که ما این‌منابع متعلق بعموم وهمچنین‌صنایع

اصلی و بزرگ را که جنبهٔ تعیین کنندهٔ قیمتها را دارند ملی اعلام میکنیم ، فلسفه انقلاب ما با در نظر گرفتن همان اصل آزادی فردی و اجتماعی که بدان اشاره کردم ، مشوق هر گونه ابتکار فردی وشخصی وهر گونه انگیزه برای ترقی در رشته‌های گوناگون اجتماعی و صنعتی است.

بدیهی است اصول کلی انقلاب ایران غیر قابل تغییر است ، ولی درصورتیکه در فروع و در طرز اجرای این اصول احتیاج به‌ترمیم وتکمیلی پیدا شود و راههای بهتری بر اساس پیشرفتهای علمی و تکنیکی جهان یافت گردد ، مسلماً ما ازاین طرق استفاده خواهیم کرد، زیرا ما خویش را درچهار دیواری هیچ گونه عقاید منجمدی محبوس نکرده‌ایم.

این انقلاب ، بهمان جهاتی که گفته شد ، میتواند خود را همواره و بآسانی با احتیاجات اجتماع ایران وطبقات مختلف جامعه ایرانی ودرعین‌حال بابهترین پیشرفتهای علمی وفنی واجتماعی دنیای کنونی تطبیق بدهد ، و این قدرت واقعی انقلاب ما است.

مامعتقدیم که دیگر دوران اصول مرامی‌خشک وانعطاف ناپذیر گذشته سپری شده ، و بسیاری از مرامها بدان صورتی که در اصل عرضه شده‌اند نمیتوانند جوابگوی احتیاجات جامعه‌ای باشند که‌پیوسته درحال تحول است ، وطبعاً بهمین جهت است که عملاً شاهد تغییر وتحول تدریجی این مرامها هستیم.

آنچه امروزه جامعه بشری بدان نیازمند است پیروی از اصولی است که نه متکی بر کینه توزی وحقد و آز و دشمنی باشد و نه استثمار وحفظ منافع یک عده را بزیان عده دیگر موجب شود. بشریت ، امروز

بیش از هر وقت دیگر احتیاج بتفاهم ، بدوستی و محبت ، به عشق به همنوع دارد . رهبران واقعی سیاسی یامعنوی هیچ اجتماعی حق ندارند جوامع انسانی را بدریدن یکدیگر و به از میان بردن ونابود کردن همنوعان خود تشویق کنند ، بلکه میبـاید بدانان راه‌همزیستی و همکاری را بیاموزند. باید تحولاتی را بوجود آورند و تسهیل کنند که نتیجه آنها استقراردوستی بیشتر وصحیحتر میان همه افراد وجوامع باشد ، تا در پرتو آن تمام اجزاء خانواده بزرگ بشری باکمک یکدیگر کاروان تمدن انسانی را بسوی ترقی وتعالی‌همه جانبه پیش ببرند .

انقلاب مادرست درهمین جهت و براساس همین اصول مقدس یعنی بر پـایه معنویت ومحبت و دوستی وعشق وتفاهم تکوین یافته است. مادر این راه عملاً پیرو آن‌اصول عالیه مذهبی واخلاقی وفکری هستیم که درطول هزاران سال وجه مشخص فرهنگ اصیل ایران بوده‌است. چه تعالیم کهن زرتشتی ، چه اصول ومقررات عالیه اسلامی، چه افکار وتعلیمات‌فلاسفه ومتفکران وعرفا وشعرا ونویسندگان ایران، همه وهمه بما آموخته‌اند که لازمه زندگی هر اجتماع واقعی محبت ودوستی وتفاهم است. ماهمواره بیعدالتی و دروغ وکینه وخودخواهی را آثار اهریمنی ونشان تاریکی و پلیدی دانسته وپیوسته روی بجانب عدالت و راستی ومحبت وبشر دوستی داشته‌ایم ، ومعتقدیم که جامعهٔ انسانی نیز جز در پرتو این اصول نمیتواند برستگاری وپیشرفت واقعی برسد . هیچیک از مرامهائی که بر پـایهٔ دشمنی و نفاق افکنی و از میان بردن طبقه یاطبقاتی بنفع طبقات دیگر یا استثمار افراد وطبقاتی ازجانب طبقات وافراد دیگر متکی باشد نمیتواند مورد قبول ما قرار

گیرد ، زیرا اساساً این اصول با روح ملی ما ، با فرهنگ ما ، با طرز فکر ما سازگار نیست .

یکی از الزامات و مشخصات برجسته چنین انقلابی تحقق اصل اقتصاد دموکراتیک است . اصولاً یک دموکراسی سیاسی نمیتواند مفهومی واقعی داشته باشد مگر آنکه با دموکراسی اقتصادی تکمیل شود . در این اقتصاد دموکراتیک هیچگونه عامل استثماری نباید دخالت داشته باشد ، خواه این استثمار بوسیلهٔ شخص یا بوسیله دولت وخواه توسط دسته‌ای که مدافع یک اقلیت یا یکی از طبقات اجتماع باشند انجام پذیرد .

اقتصاد دموکراتیک با حفظ آزادیهای اساسی که بدانها اشاره شد ، انگیزه‌های فردی و بشری را بآزادی اجازه نشو و نما میدهد وهر گونه کوشش وفعالیت ونتیجه گیری از زحمت فردی یا دسته جمعی را امکان عمل میدهد و تشویق میکند و درعین حال انحصار هیچ کاری را در دست عده‌ای معین نمیگذارد . دراین اقتصاد دموکراتیک است که میتوان عدالت اجتماعی را بهتر تأمین نمود ومسئله تولید و توزیع را بهتر حل کرد ، اخذ مالیاتها را بر اساس عادلانه و مترقی در آورد ، وضع اطمینان بخشی را برای افرادی که مشغول کارند و برای آنها که دوران کهولت و بازنشستگی را میگذرانند یا خواهند گذرانید تأمین نمود .

ما سعی داریم هر چه بیشتر در توسعه تعاونیها و بیمه های اجتماعی بکوشیم ، زیرا فکر میکنم که جوابگوی احتیاجات آیندهٔ جوامع بشری در تحت هر رژیمی که باشند در درجهٔ اول همین مؤسسات تعاونی و بیمه های اجتماعی است . اعتقاد ما این است که

سرنوشت هر کسی ، از هنگامیکه چشم بدنیا باز میکند تا هنگامیکه دیده ازجهان فرو میبندد ، باید از راه انواع بیمه‌ها از قبیل بیمه‌های تحصیل ، بیمه‌های بیماری ، بیمه‌های حوادث و اتفاقات ، بیمه‌های بازنشستگی و کهولت وغیره تأمین شود.

میباید استعدادهای ذاتی افراد نیز بیمه شوند ، بدین ترتیب که اگر این افراد بی بضاعت باشند از طرف دولت یامؤسسات اجتماعی و یاانجمنهای خیریه بوسیله تأمین بورسهای تحصیلی و مطالعاتی ویا فراهم‌آوردن وسیلهٔ کار آنها به‌استعدادهای ایشان مجال شکفته شدن داده شود . در برخی از جوامع کاملاً پیشرفته جهان امروزه حتی برای شرکت درگردشگاههای دسته جمعی و استفاده از تعطیلات و نظائر این امور نیز بیمه‌های معینی تخصیص داده شده است.

همین توجه را ما درمورد مؤسسات وسازمانهای تعاونی مبذول میداریم ، زیرا این مؤسسات تعاونی‌اساس تحقق‌اقتصاد دموکراتیک هستند . تا چندی پیش بر اثر وجود یک سیستم غیر منطقی و مضر کالائی که تولید میشد برای اینکه بدست مصرف‌کننده برسد میباید از چند مرحله و یاباصطلاح چند دست بگذرد و در هر بار برقیمت آن افزوده شود،بطوریکه‌چنین کالائی عادتاً بقیمت پنج وشش وهفت‌برابر وحتی گاه‌تابیست برابربهای اصلی‌آن بدست مصرف‌کننده میرسید،ودرین میان فقط معدودی واسطه ودلال بودندکه بی‌اینکه کار مفیدی صورت داده باشند منافع سرشاری‌راکه ازین‌راه بدون‌هیچ‌دلیل ومنطقی‌حاصل میشد بجیب خود میریختند ، وطبعاً برای حفظ این‌منافع فساد وارتشاء را نیز رواج میدادند . با ایجاد و توسعه شرکتها و مؤسسات تعاونی، که شامل رشته‌های مختلف تعاونی تولید ، تعاونی توزیع و تعاونی

مصرف است نقش مخرب این واسطه ها از میان میرود و کالائی که با شرایط صحیح تولید میشود با طرز توزیع صحیح نیز بدست خریدار میرسد ، و در نتیجه منافعی که بیجهت عاید عدهٔ معدودی مفتخوار میشد عاید عموم مصرف کنندگان میشود .

این تعاونیها چه در زندگی کشاورزی ، چه در امور کارگری ، و چه در سایر رشته های اقتصادی اساس زندگی روزمرهٔ همه مجامع و افراد خواهند بود ، و هر قدر کمیت و کیفیت آنها در جامعهٔ نوین ایران توسعه یابد نتایج انقلاب بهتر و بیشتر تحقق خواهد یافت .

عاملی که کار مؤسسات تعاونی و مخصوصاً بیمه ها را تکمیل میکند فعالیتهای سازمانهای خیریه است که خوشبختانه کشور ما ازین حیث میتواند سرمشق و نمونه‌ای عالی بشمار آید . چه در زمان پدرم و در دورهٔ سلطنت خود من مؤسسات خیریهٔ متعدد و وسیعی از قبیل شیر و خورشید سرخ ایران و سازمان شاهنشاهی خدمات اجتماعی و ده‌ها مؤسسهٔ دیگر ازین قبیل بوجود آمده‌اند که ترازنامهٔ کار آنها واقعاً مایهٔ سربلندی و افتخار ما و منطبق با عالیترین سنن بشر دوستی ایرانی است . معهذا ما به پیروی از روح انقلاب ایران کوشش خیلی بیشتری در توسعه این سازمانها کرده‌ایم و خواهیم کرد ، که یکی از مظاهر برجسته آن سازمانهای خیریه متعددی است که در زمینه های مختلف تحت نظر شهبانوی ایران اداره میشوند . باید با خوشوقتی تمام تذکر دهم که بموازات این فعالیتها ، افراد خیرخواه و نیکوکار متعددی نیز بطور خصوصی با یجاد مؤسسات مختلف غیر انتفاعی خیریه و فرهنگی و غیره اقدام کرده‌اند و میکنند .

بدین ترتیب از جهات مختلف کوشش میشود که در جامعهٔ نوین

ایران چه از راه پرورش استعداد ها و دادن امکان تجلی بدانها ، و چه از راه فعالیت سازمانهای تعاونی و بیمه ها و مؤسسات خیریه و اجتماعی ، حداکثر تأمین برای هرفردی از افراد کشور فراهم گردد تا در پرتو آن وی بتواند شرافتمندانه و بی‌آنکه حاصل زحمت و کار او مورد استثمار دیگران قرار گیرد در تأمین زندگی سعادتمندانه‌ای برای خود و خانوادهٔ خویش و بالا بردن سطح تولید و ثروت ملی بکوشد .

البته لازمه این کار این است که افراد یک مملکت مترقی هر کدام در کار خود یک نوع تبحری داشته باشند . چه زارع و چه کارگر و چه افرادی که در مشاغل اداری و در سایر رشته ها کار میکنند هر کدام باید در کار خود تا حدودی متخصص باشند . بطور کلی باید گفت که اجتماع ما میباید در رشته های فنی و درجات بالاتر از آن یک اجتماع کاملاً متخصص ، و در کارهای تولیدی عمومی یک اجتماع حداقل نیمه متخصص باشد. تحقق این نظر مستلزم دگرگونی کامل اساس آموزش در مملکت و تطبیق آن بااحتیاجات و مقتضیات جامعهٔ جدید ایرانی‌است. برای تأمین این منظور باید اضافه برآموزش ابتدائی که جنبه اجباری دارد ، و از میان بردن بیسوادی که مشغول آن هستیم ، کاری کنیم که در مراحل بعد از آن بسته به لیاقت و استعداد هرفردی امکان تحصیل بدو درمدارس حرفه‌ای و تخصصی که باید درتمام رشته‌ها ایجاد گردد داده شود تادراین مدارس افراد متخصص ویانیمه متخصص تربیت‌شوند ، ودرعین حال آنهائیکه مغزهای برجسته دارند ویادررشته خاصی صاحب نبوغ هستند بتوانند دررشته های

مختلف علوم آنقدر پیش بروند که احیاناً مخترعین و متخصصین و کادر عالیه اداری مملکت را بوجود آورند.

امکاناتی که یک چنین جامعه‌ای ایجاد میکند بقدری وسیع است که زمینه برای بروز وتجلی انواع استعدادها درآن بنحو بیسابقه‌ای فراهم خواهد شد، و تمدن وفرهنگ چنین مملکت و ملتی بحداعلای درخشندگی خود خواهد رسید.

چنین اجتماعی است که میتواند محکم و استوار و مطمئن، سرنوشت خودرا همیشه در دست خویش داشته باشد ودیگر نوسانهای روزگار ووجود یاعدم وجود زعما وپیشوایان برجسته دراین سرنوشت تأثیر قاطعی نداشته باشد. چنین جامعه‌ای بارفتن رضا شاه و من دیگر دچار سرنوشتی مبهم و غیرمعلوم نخواهدشد، بلکه بااستحکام واعتماد براه خود ادامه خواهد داد.

هدف انقلابی که اصول آن‌را بملت خودم عرضه داشتم، وملت من باپاسخ قاطع و روشن خویش آنرا تأئید کرد، این بود که بخواست خداوند ازموقعیتی که برای من فراهم شده است طوری استفاده کنم که بابنای ایرانی نوو مترقی بر پایه اصولی بسیار مستحکم ونیرومند، دیگر بود و نبود خود من درسرنوشت مملکت تأثیری نداشته باشد، زیرا مسلم است که من و دیگران دیر یا زود خواهیم رفت، ولی ایران وجامعهٔ ایرانی باقی خواهد ماند، و وظیفه ما است که دردوران حیات خود بکوشیم تا این کشور و این جامعه هرقدر ممکن است سعادتمندتر و پیشرفته‌تر ومرفه‌تر گردد.

از پروردگار بزرگ مسئلت دارم که مرا بیش ازپیش دراین راه ارشاد فرماید، و این کشور و ملت راهمواره درپناه لطف وعنایت خویش از ترقی ورفاه وسعادت بیشتری برخوردار سازد.

اصلاحات ارضی

«حیواناتی رامیبینید نر و ماده ، سیاه و از آفتاب سوخته ، که در بیابان پریشانند و زمینی را که وابسته بدانند با دلبستگی تمام میکاوند و زیر و رو میکنند . شبا هنگام بسوراخهای خود میروند و در آنجا با لقمه نانی سیاه و کوزه‌ای آب سدجوع مینمایند . این مردم مشقت تخم‌پاشی و کشتکاری و حاصل برداری را از گردن دیگران برداشته‌اند ، وبهمین سبب‌رواست اگر از نانی که دسترنج ایشان است بالمره بی‌نصیب نمانند . »

این شرح‌را سه‌قرن پیش ازاین،لابرویرنویسنده ومتفکر معروف فرانسه در باره دهقانان آن روزکشورخود نوشت ، ولی میتوان‌آنرا - البته باتعدیلی خیلی‌بیشتر - تصویری‌دانست که‌ازبسیاری‌ازکشاورزان ایرانی در دوران قبل از انجام اصلاحات ارضی اخیر ایران ترسیم شده است .

با این وصف فراموش مکنیم که درسرزمین ایران ، از آغاز تاریخ آن ، کشاورزی جنبه یک امر مقدس و خدائی داشته است . دراوستا تصریح شده‌است که :«کسی که گندم‌میکارد، راستی‌میافشاند و آئین مزدیسنا را پیروز میکند »؛ و درسرود زیبائی ازوندیداد ، در

پاسخ زرتشت که ازخداوند میپرسد : «کیست که زمین‌را بیشترین حد شادی میآورد ؟ » اهورامزدا میگوید : « آنکس که زمین خشک را آبیاری کند و مرداب را بخشکاند و از آن کشتزاری بسازد .»

در تمام دوران باستانی ما این روح احترام وافر بکشاورزی از ارکان تمدن ایرانی بوده است . شاید نمونه جالبی از این سنت را بتوان در شرحی یافت که هرودوت مورخ معروف یونانی در توصیف سفر جنگی خشایارشا به یونان نوشته است . وی حکایت میکند که شاهنشاه هخامنشی‌در این‌سفر هنگام‌عبور از خاك لیدی بچنار تنومند وکهنسالی رسید و چنان از دیدار شادابی و خرمی آن خرسند شد که فرمان داد آنرا با طلا بیارایند و نگهبانی بطور دائم بحفاظت از آن بگمارند. از این ماجرا « هبل » شاعر معروف آلمانی قطعه شعر زیبائی ساخته ومخصوصاً « هندل » آهنگساز نامی آلمان آنرا مایه اصلی اپرای معروف خودبنام « خشایارشا » قرار داده است که‌قسمتی از آن که مربوط به‌ماجرای این درخت است بصورت یکی از قطعات جاودانی موسیقی کلاسیك غرب در آمده است.

در باره این سنت ملی ایرانیان در احترام عمیق بکشاورزی ، شواهد متعددی از مورخان یونانی برای ما باقی مانده‌است. گزنفون در کتاب « اکونومیك » خود گفته سقراط را چنین نقل میکند : « شاهنشاهان ایران غالباً بقسمتهای مختلف از قلمرو پهناور خویش شخصاً سفر میکنند، واگر ببینند که‌در ایالتی زمینهای آباد ودرختان بارور زیاد است به والی آن پاداش میدهند وگاه شهرستانی را به استان او میافزایند ، ولی هرگاه برآنان معلوم شود که جمعیت‌استانی کم وزمینهای بایر آن زیاداست ودریابند که این وضع حاصل اخلاق

بد والی یا مسامحه وکوتاهی او است وی را تغییر میدهند و کیفر میکنند ، و بجای او والی دیگری را میگمارند . شاه ایران هر وقت میخواهد هدیه‌ای بدهد، دردرجه اول آنرا بکسانی میدهد که زمین بیشتری را آبادکرده باشند . وی هر جا که اقامت کند و بهر جا که رود همیشه‌مراقب است که زمینها پراز باغ و رستنی‌ها باشد و این باغها را «پردیس» مینامند* . »

برای من نقل این مدارک تاریخی مایه خوشوقتی است ، زیرا بخوبی نشان میدهد که در کشورمن ازدیرباز کشاورزی و آبادانی چه مقام شایسته‌ای داشته ، ودرعصری که پادشاهان آشور وبابل به ریشه کن کردن فلان قدر از درختان وتبدیل فلان اندازه از کشتزارهای پهناور به بیغوله‌ها و شوره‌زارها تفاخر میکردند ، مردم ایران با چه عشق و محبتی به زمین و غله و درخت مینگریسته‌اند .

بطوریکه نوشته‌اند احداث قنات ها و مجاری زیر زمینی آب از ابداعات ایرانیان بوده است . بنا بگفته پولیب مورخ یونانی ، برای تشویق مردم ایران به حفر قنوات شاهان هخامنشی مقررداشته بودند که هر کس زمین بیحاصلی را از این راه آبیاری و کشت کند تا پنج پشت او عایدات آن زمین از آن او وفرزندانش باشد .

بطور کلی ازلحاظ مذهبی درآئین ایرانیان باستان احیاء زمین، آبیاری، تخم افشانی، درختکاری و گله‌داری، از کارهائی بوده که نشان دوست داشتن اهورامزدا بشمار میرفته است . ازلحاظ اجتماعی نیز

---

* این همان کلمه‌ای است که در بسیاری از زبانهای اروپائی با تلفظهای مختلف معنی بهشت میدهد ، و اعراب آنرا بصورت فردوس معرب کرده‌اند .

همواره کشاورزان یکی از طبقات اصلی جامعه ایرانی بشمار آمده‌اند. در اوستا جامعه ایرانی به سه طبقهٔ روحانیان، سپاهیان و کشاورزان تقسیم شده و فقط در زمان ساسانی بر این سه طبقه طبقه‌ای بنام دبیران افزوده شده است. ولی از لحاظ مالکیت، طبقه کشاورز به دو دستهٔ مجزای دهقان و زارع تقسیم میشده است، که دسته اول مالکان زمین‌ها و دسته دوم کارگران زمین یا بنا باصطلاحی که تا چندی پیش رایج بود «رعایا» بودند، و غالباً بین این دو طبقه اختلاطی وجود نداشت. البته باید این حقیقت را باستناد مدارک تاریخی تذکر داد که در عین توجه خاصی که بامر کشاورزی مبذول میشد، رعایای ایرانی در هیچیک از ادوار باستانی از لحاظ اجتماعی دارای حقوق خاصی نبودند و امتیازات طبقاتی کاملاً در جامعه ایران حکمفرما بود. رعایا غالباً به زمینهای خود وابسته بودند و با خود این زمینها در خدمت مالکان جدید در میآمدند.

در زمان اشکانی بعلت طریقه فئودالی حکومت مالکیت نیز بیشتر جنبه فئودالی پیدا کرد و سرداران و حکام محلی املاک وسیع زراعتی را دربست در اختیار خود در آوردند. و بهمین نسبت نفوذ مالکین در سر نوشت و زندگی رعایای خود بیشتر شد. ولی در دوران ساسانی وضع مالکیت و کشاورزی تقریباً بصورت زمان هخامنشی بازگشت. با این وصف در این دوران چندین بار سهمیه مالک و زارع گاه بنفع این و گاه بنفع آن تغییر کرد، تا بالاخره در اواخر عصر ساسانی این وضع بالمره بنفع مالکین درآمد، و این خود یکی از علل اصلی آن نارضائی اجتماعی بود که در زمان حملهٔ اعراب تا حد زیادی در جامعه ایرانی وجود داشت.

در عصر ساسانی گاهی دولت زمینهای بایر و موات را با فراد متمکن واگذار میکرد بدین شرط که آنها را در مدتی معین آباد کنند، اما این واگذاری زمین ایجاد مالکیت نمیکرد و دولت در هر موقع میتوانست این قرارداد رافسخ کند . البته درموارد بسیاری این کار مایه سوء استفاده مالکین بزرگ میشد . مثلاً داستان معروفی حاکی است که بهرام ساسانی مقدار زیادی از زمینهای آباد را ببرخی از اطرافیان خویش داد و این کار موجب نا رضائی کشاورزان و در نتیجه خرابی دهات آنان گردید ، تا اینکه یکی از موبدان درسفری همراه شاه شبی برای اینکه وی را متوجه اشتباه خود کند صدای دو جغدرا که از دوردست بگوش میرسید برای او معنی کرد واز زبان جغد نر به جغد ماده که خواستار شیربها بود قول داد که اگر وضع بدین منوال بگذرد نه یک ده بلکه هزاران دهکدهٔ ویران بدو کابین خواهد داد . ظاهراً همین تذکر بجا باعث شد که شاه دستور داد آن کشتزارها را بازگیرند و دوباره بکشاورزان اصلی سپارند .

طلیعهٔ عصر اسلامی طبعاً مساوات و عدالت بسیار باخود همراه آورد ، زیرا آئین اسلام با هرگونه اجحاف و تحمیلی مخالف بود . در احادیث آمده است که حضرت محمد شخصاً چندین چاه حفر فرمود وچند مزرعه احداث کرد ، وحضرت علی بیست وپنج سال بکارتأسیس نخلستانها وحفر قنوات و ایجاد مزارع پرداخت. همچنین گفته‌اند که حضرت صادق حتی در روزهای گرم‌تابستان‌عربستان بیل و کلنگ بدست میگرفت ومساحی و آبیاری میکرد وگود برای کاشتن نخل میکند. برای نشان دادن طرز فکر واقعی اسلامی نقل این قسمت از نامه معروف حضرت علی که بامقام خلیفه مسلمین به مالک اشتر

والی مصر مرقوم فرموده‌است بیمناسبت نیست : «وقتی که رعیت دررفاه بسر برد و تنگدست نباشد ، خراج را براحتی میتواند پرداخت. اما درآنروزکه دهکده روی بویرانی داشته باشد وساکنان آن فقیرانی بیش نباشند ، چنین مردمی فرمان دهخدارا نپذیرند وبچیزی نگیرند ، ومردم هیچ روستا دچارمسکنت نشوند مگر آنکه والی حریص داشته باشندکه ازانقلابات جهان تجربه نیندوخته باشد و ندانندکه هر چه بستم گرد آید دیر یا زود حوادث روزگارآن را بسوزد. »

متأسفانه این طرزفکر عالی‌در زمان خلفای اموی‌وعباسی بکلی تغییرکرد و تعالیم واقع بینانه حضرت علی علیه السلام مورد پیروی قرار نگرفت . متنفذین محلی بصورت سردار یا حاکم املاک مردم‌را منظماً غصب‌کردند ومالکیتهای بزرگ را بنحوی بارزتر از دورانهای اشکانی وساسانی تجدید نمودند ، بطوریکه مثلاً تمام خراسان بزرگ آن روز به تملک دو یا سه نفر ازسرداران درآمد. بدیهی است چنین مالکیت‌هائی هیچوقت‌نمیتوانست حاصل اعمال‌حقوقی‌باشدکه بارضایت فروشندگان انجام گرفته باشد.

پس از تهاجم مغول بایران مالکیتهای بازهم بزرگتری پیدا شد. مثلاً نوشته‌اندکه ازمراغه تاهمدان یکسره املاک فئود الی بنام امیر چوپان بود، و تازه وی املاک زیاد دیگری نیز درخراسان‌داشت. خواجه رشید الدین فضل‌الله سیاستمدار و مورخ معروف عصرمغول آنقدرزمین ازاملاک خود برای مصارف مقبره خویش وقف‌کرد که تنها عایدی سالانه آن یک میلیون دینار طلا میشد .

ولی همین رشیدالدین جریانی را نقل میکند که بخوبی نشان میدهد وقتی‌که چنین مالکیتهای بزرگی پیدا شود بر اثر اجحافی که

طبعاً بکشاورزان میشود چگونه وضع دهقانان روز بروز بوخامت بیشتری میگراید. وی مینویسد که در زمان خود او یکی از مالکین بزرگ به فیروز آباد از دهات مهم یزد رفت تا عواید ملکی را که مال او بود بستاند، ولی سه روز تمام کوشید تا کسی را از جمع رعایا که عموماً فرار کرده وترك خانه ومسکن گفته بودند بیابد وهیچکس را نیافت، و درعوض هفده نفر تحصیلدار دیوانی را یافت که حواله وبرات در دست داشتند وهمگی بانتظار رعایا نشسته بودند، و دشتبانی را نیز دید که دو رعیت را درصحرا پیدا کرده وبمیان دهکده آورده وبریسمان آویخته بود وآنها را میزد تا وادار بفاش کردن مخفی گاه سایر رعایا کنند.

این مالکیتهای بزرگ، توأم با ویرانیهای حاصله از حکومت مغول، برای ایران نتایجی واقعاً وحشتناك ببار آورد که عواقب آن حتی هنوز هم از لحاظ وسعت زمینهای بایر دامنگیر کشور ما است. مقایسه نوشته های یاقوت حموی که اندکی قبل از مغول میزیست و حمدالله مستوفی که دراواخر مغول زندگی میکرد، بخوبی نشان میدهد که در فاصله کوتاه یک قرن چه مصیبتی ازین بابت دامنگیر کشورما شد: تنها درناحیه همدان تعداد دهات آباد از ۶۶۰ به ۲۱۲ تنزل یافت. در ناحیه اسفراین این تعداد از ۴۵۱ به ۵۰، در بیهق از ۳۱۱ به ۴۰ و درجوین از ۱۸۹ به ۲۹ رسید و در نیشابور که قبل از هجوم مغول ازآبادترین شهرهای ایران و جهان بود حتی یک ده آباد باقی نماند. عامل اصلی این سقوط بطوریکه مورخان برجسته همان عصر متذکر شده‌اند ظلمی بود که نسبت بکشاورزان و روستائیان میشد.

درین مورد کتاب معروف جامع‌التواریخ اعتراف شخص غازان خان پادشاه مغول را چنین نقل میکند که : «کلوخ وخاشاك را درنظر این جماعت اعتبار است و رعایارا نه، و خاشاك شوارع را آن کوفتگی نیست که رعیت را».

عجیب است که در هر مورد که پای مالکیتهای بسیار بزرگ درمیان‌آمده، درهمه‌جا همین‌طرزتفکر وهمین رفتارغیرعادلانه حکمفرما بوده است. درنامه‌ای‌ازمصر قدیم که چندهزارسال پیش نوشته شده، وضع کشاورزان املاك یک مالك بزرگ را چنین توصیف کرده‌اند : «تحصیلدار ارباب کنار نهر ایستاده عشریه خرمن‌را میطلبد. جمعی فراش ترکه های نخل دردست گرفته اند و منتظرند که اگر رعیت چیزی نداشته‌باشد که بدهد‌بسوی‌نهرش‌بکشندوسرش‌را زیرآب کنند».

البته درآن وقت که من بفکر اتخاذ یک راه حل قطعی برای از میان بردن شرایط غیرعادلانه وتحمل ناپذیر ارباب‌ورعیتی درایران افتادم وضع درکشور ما بدین صورت نبود وشرایط انسانی صورت خیلی بهتری داشت. حتی دراین اواخر خرده مالکیت رواج یافته بود و زارع نیز از محصول ملک سهم میبرد. توجهی که خود من از بدو سلطنتم به بهبود وضع کشاورزان ابراز داشته بودم، توأم با الزامات تمدن عصر جدید که بهرحال اجازه بقای وضع سابق را بدان صورت غیر انسانی نمیداد، طبعاً درشرائط زندگانی روستائیان کم و بیش تأثیر بخشیده بود. معهذا این شرائط جوابگوی حقوق واقعی کشاورزان و تأمین مقام این طبقه در یک اجتماع مترقی نبود ووضعی که درین مورد وجود داشت نمیتوانست برای ما قابل قبول باشد.

بیش ازنیمی ازاراضی مزروع ایران متعلق به ملاکین خصوصی بود، که از میان آنها عده‌ای که تعدادشان شاید از سی نفر تجاوز نمیکرد (و برخی از آنها رؤسای ایلات و عشایر بودند) هرکدام تا چهل پارچه و متجاوز از آن ملک خصوصی داشتند. این مالکان معمولا در املاک خود بسر نمیبردند و طبعاً توجهی به آبادانی این املاک و بهبود وضع آنها چه از نظر اصلاحات کشاورزی و چه از لحاظ وضع اجتماعی نداشتند، واصولاً غالب اوقات خودرا درتهران یادرشهرهای مختلف خارجه میگذرانیدند. در نتیجه کارها بدست مباشرانی اداره میشد که غالباً هدف اصلی ایشان استثمار رعایا بنفع شخصی خودشان بود.

در زمان خان خانی گذشته رفتاری که در برخی موارد با این رعایا میشد واقعاً غیر انسانی و وحشیانه بود. بسیار اتفاق میافتاد که خان های محلی مستقیماً یا بوسیله مباشرین وایادی خودشان رعایا را میکشتند یا در چاهها حلق‌آویز میکردند، وگاه نیز این رعایا مجبور میشدند تحفه‌های انسانی نزد ارباب ببرند.

بهر حال حتی درمواردی هم که این بیرحمیها درکار نبود ظلم برعیت و عدم تأمین حقوق حقه او امری عادی بشمار میرفت. برای تأمین مصالح مالک لازم بود رعیت حتی‌المقدور در جهل و فقر نگاه داشته شود. بدین جهت تاآنجا که امکان‌داشت ازتأسیس مدارس و حتی از ایجاد درمانگاهها در روستاها جلوگیری میشد.

البته این وضع عمومیت نداشت ومالکان باانصاف وفهمیده‌ای هم بودند که وظیفه واقعی خویش را انجام میدادند، ولی این فقط بسته به روحیه وانصاف خود ایشان بود، نه‌آنکه جنبه‌الزامی درکار باشد.

برای تعدیل وضع مالکیتهای بزرگ و تبدیل کشاورزان به خرده مالکین نخستین بار درسال ۱۳۲۹ فرمانی مشعر بر تقسیم بیش از دوهزار قریه و آبادی املاك سلطنتی را که متعلق بخودم بود صادر کردم. دراین تعقیب این تصمیم، اراضی دهات سلطنتی نقشه برداری وسهم بندی شد تابین زارعین تقسیم گردد. ولی اندکی بعد از آن اجرای برنامه تقسیم اراضی سلطنتی توسط دولت وقت که مخالف تعدیل مالکیت بود متوقف ماند و فقط پس از سقوط آن حکومت بود که مجدداً این برنامه دنبال شد، بطوریکه تا اواسط سال ۱۳۳۷ که کار اجرای آن بپایان رسید بیش از ۲۰۰۰۰۰ هکتار زمین مزروعی میان ۲۵۰۰۰ کشاورز تقسیم شده بود. برای این کشاورزان بانک عمران و تعاون روستائی که درسال ۱۳۳۱ تأسیس شد تراکتور و کمباین خریداری کرد و بحفر چاههای عمیق پرداخت و خانه های روستائی متعدد ساخت وبسیاری ازجوانان روستائی را برای فرا گرفتن فنون کشاورزی نوین بخارج ازکشورگسیل داشت.

درسال ۱۳۳٤ قانون تقسیم خالصجات دولتی وضع شد و این قانون ازسال ۱۳۳۷ عملاً بمورد اجرا درآمد. حد اکثر زمینی که بهر زارع بموجب این قانون تعلق میگرفت ده هکتار زمین آبی یا پانزده هکتار زمین دیم بود. برآوردهائی که درین باره شد حاکی ازاین بود که با اجرای این قانون اراضی خالصه میان یکصد هزار خانواده کشاورز تقسیم خواهد شد.

با تمام اینها هنوز کار اصلی باقی مانده بود، و آن تقسیم املاك بزرگی بود که در اختیار مالکین خصوصی قرار داشت. پس از اقدام به تقسیم املاك سلطنتی تامدت زیادی امید داشتم که مالکان

بزرگ دیگر نیز بدین اقدام تأسی کنند ، ولی متأسفانه جز دو سه نفر هیچیک از ایشان پاسخ مثبتی بدین انتظار من ندادند ، و در نتیجه عملاً وضع غیر قابل تحمل ارباب و رعیتی در قسمت اعظم از کشور بحال خود باقی ماند .

چنین وضعی نه فقط مخالف با روح عدالت اجتماعی و با حقوق طبیعی انسانی بود ، بلکه ازنظر اقتصادی نیز بزیان کشور تمام میشد . اکثر مالکین بزرگ همان شیوه‌های فرسوده قدیمی را در کشت املاک خویش و در بهره‌برداری از آنها بکار میبردند و حاضر نبودند سرمایه‌های هنگفتی را که لازمه کشاورزی مدرن است در این املاک بکار اندازند . نتیجه این شده بود که کشاورزی ما ، در عصری که در کشور های پیشرفته پیوسته برای بهره برداری بیشتری از زمین کوشش میشود ، تقریباً بهمان صورت چند هزار سال پیش باقی مانده بود .

در آن موقع زارع ایرانی بطور متوسط در آخر هرسال منتها ده تا پانزده هزار ریال درآمد داشت ، و اگر درنظر گیریم که عائله یک زارع معمولاً از پنج نفر کمتر نیست ، در سال بهر فرد از این عده دو تا سه هزار ریال میرسید . چطور میشد قبول کرد که یک زارع یا زن و یا فرزند او بتوانند با ماهی ۲۵۰ ریال یا کمتر زندگی کنند ؟

میگویند ریشلیو صدر اعظم معروف فرانسه رعیت را قاطر باربر مملکت لقب داده بود ، و ظاهراً این تعبیر منعکس کننده طرز فکر بسیاری از مالکین ما نه تنها درگذشته بلکه در عصر حاضر بود . ولی بدیهی است که چنین تعبیری برای من قابل قبول نبود ، زیرا درست بالعکس در نظر من آنهائی که در آن زمان رعیت نامیده میشدند از شریفترین و اصیلترین افراد کشور بودند . کسانی بودند که با دسترنج

خود و با حاصل تلاش شبانروزی خویش مملکت را نان میدادند ، و متأسفانه نه تنها خود از حاصل این دسترنج جز سهم ناچیزی نمیبردند بلکه غالباً از حقوق حقه انسانی و بشری خویش نیز سهمی بهمین اندازه ناچیز داشتند . از نظر من این تعبیر « سنکا » فیلسوف رومی در نامه‌ای که وی خطاب بیکی از مالکان اشرافی بزرگ رم نوشته است بسیار انسانی‌تر و واقع بینانه‌تر میآمد که : « ... اینهائی که تو برد گان خود مینامی ، درواقع آدمیانند . هرچند دوستان ضعیف وناتوانِ تو اند، ولی در آفرینش و نژاد با تو فرقی ندارند . با تو در زیر یک آسمان بسر میبرند ، مثل تو نفس میکشند ، مثل تو زنده اند ، مثل تو هم میمیرند . »

من قلباً احساس میکردم که بعنوان رئیس مملکت مسئول سرنوشت این توده عظیم محرومین کشور هستم، و میباید آنهارا ازوضع ناگوار قرون وسطائیشان بیرون بیاورم . بدینجهت از دولت خواستم که طرح قانونی جهت اجرای برنامه اصلاحات ارضی و تقسیم املاك بزرگ مالکین تهیه و تقدیم پارلمان کند. این طرح درخرداد ۱۳۳۹ از تصویب مجلسین گذشت ، ولی بصورتی درآمد که بکلی ناقض هدف و منظور طرح اصلی بود ونظر دولت‌را درمورد اجرای اصلاحات ارضی بهیچوجه تأمین نمیکرد . مثلاً در آن بمالک اجازه داده شده بود تا دو سال بعد از تصویب قانون قسمتی از املاک خود را بوراث خویش منتقل کند ، یا اینکه هرقدر از اراضی دیم و بایر را که خود میتواند اداره و کشت کند در تصرف خویش نگاه دارد ، یا قبل از شروع به تقسیم املاک هر مقدار از اراضی خود را که مایل است شخصاً بزارعین بفروشد .

بدیهی است چنین قانونی بدین صورت قابل قبول نبود ، زیرا هدف اصلی ، آن نبود که باصطلاح کلاه شرعی برسر امر اصلاحات ارضی گذاشته شود . آنچه هدف من بود محدودیت واقعی املاک بزرگ بنفع کشاورزان ، الغاء واقعی سیستم ارباب و رعیتی ، وبهره مند کردن واقعی این رعایا یا از حیثیت انسانی و از امکان بهره برداری مستقیم از کار و زحمت خودشان بود . بدینجهت در دیماه ۱۳۴۰ لایحه قانونی اصلاحی قانون اصلاحات ارضی بتصویب هیئت دولت رسید و بموقع اجرا گذاشته شد .

براساس این قانون میزان مالکیت برای هرفرد در تمام ایران بیک ده ششدانگ در مرحله اول محدود گردید . ضمناً چون با اجرای قانون اصلاحات ارضی در دهاتی که مالکان آنها مشمول قانون نمیشدند و یا این مالکان برای خود یک ده تمام انتخاب کرده بودند دسته‌ای همچنان بصورت رعیت باقی میماندند ، برای تکمیل قانون اصلی قانون متممی بنام مواد الحاقی در دیماه ۱۳٤۱ بتصویب رسید که براساس آن سازمان اصلاحات ارضی کل کشور آماده اجرای مرحله دوم قانون شد و این کار پس از انجام تشریفات مقدماتی از اسفند ماه ۱۳٤۳ درسراسر کشور آغاز گردید .

درین فاصله بطوری که گفتم بزرگترین جهش تاریخ ایران بنفع طبقه کشاورز انجام گرفت ، یعنی با رفراندم ششم بهمن ۱۳٤۱ این قانون از طریق اعلام قاطع اراده ملی تقریباً باتفاق آراء بتصویب رسید .

با توجه کامل باهمیت استثنائی و فوق‌العاده این اعلام رأی ملی بود که هنگام طرح این مسئله در کنگره ملی شرکتهای تعاونی

روستائی ، در روز نوزدهم دیماه ۱۳۴۱ ، چنین اعلام داشته بودم :

«... بحکم مسئولیت پادشاهی و وفاداری به سوگندی که در حفظ حقوق و اعتلاء ملت ایران یاد کرده‌ام ، نمیتوانم ناظر بیطرفی درمبارزه قوای یزدانی با نیروی اهریمنی باشم ، زیرا پرچم این مبارزه را خود بر دوش گرفته‌ام . برای آنکه هیچ قدرتی نتواند درآینده رژیم بردگی دهقان را از نو در مملکت مستقر سازد و ثروتهای ملی کشور رابتاراج جماعتی قلیل بسپارد ، بنام رئیس قوای سه گانه مملکتی برای استقرار این اصلاحات از طریق مراجعه بآراء عمومی مستقیماً بمردم ایران رجوع میکنم ، تا بعد از این منافع خصوصی هیچکس و هیچ گروهی قادر به محو آثار این اصلاحات که آزاد کننده دهقان از زنجیر اسارت رژیم ارباب ورعیتی و تأمین کننده آینده بهتر وعادلانه‌تر ومترقی‌تری برای طبقه شریف کارگر و بهبود زندگی کارمندان صدیق و زحمتکش دولت و رونق زندگی اصناف و پیشه وران است نباشد .»

در همان موقع ، و در همان نطق خود ، پیش بینی کردم که مسلماً عوامل ارتجاع سیاه که بخاطر حفظ منافع خود مایلند ملت ایران در غرقاب مذلت وفقر و بیعدالتی بماند ، و قوای مخرب سرخ که هدف آنها اضمحلال مملکت است ، درتخریب این برنامه خواهند کوشید .

این پیش بینی کاملاً وارد و واقع بینانه بود ، زیرا بلافاصله اقدامات تخریبی فراوانی حتی همراه با قتل و شرارت آغاز شد که مهمترین آنها بلوای جنوب و غائله نا میمون تهران در خرداد سال بعد بود . این غائله بتحریک عوامل ارتجاع توسط شخصی صورت گرفت که مدعی روحانیت بود ولی اصلاً معلوم نبود خانواده وی

ازکجای دنیا آمده است . در عوض مسلم بود که این شخص ارتباط مرموزی با عوامل بیگانه دارد ، بطوریکه بعداً دیدیم که رادیوهای آوارگان بیوطن حزب سابق توده یعنی حزبی که اصولاً با خداشناسی مخالف بود از این شخص بکرات باعنوان آیت‌اله تجلیل کردند ومقام اورا باصطلاح معروف بعرش رسانیدند ، ولو اینکه احیاناً تحریکات این شخص از جای دیگری آب میخورد .

این در واقع تکرار همان ماجرای غم انگیزی بود که در زمان پدرم در خراسان بهنگام آغاز نهضت متحدالشکل شدن لباس مردان به تحریک فرد ماجراجوئی که هیچکس او را نمیشناخت و بعد هم از کشور دیگری سردرآورد ، صورت گرفته بود .

البته باید نا گفته نگذاشت که اکثریت بزرگ روحانیون مملکت یعنی روحانیان واقعی از این تحریکات بکلی برکنار بودند . بلوای پانزدهم خرداد ۱۳۴۲ بهترین نمونه اتحاد نامقدس دو جناح ارتجاع سیاه و قوای مخرب سرخ بود که با پول دسته‌ای از ملاکین که مشمول قانون اصلاحات ارضی شده بودند انجام گرفت . اوباشان یافریب خوردگانی که دراین بلوا شرکت داشتند چه کردند؟ در خیابانهای تهران بزنهای بی‌دفاع حمله بردند . اتومبیلهای حامل دختران دانش‌آموز را شکستند . کتابخانه پارک‌شهر را آتش زدند . ورزشگاه را خراب کردند . مغازه‌های مردم را بتاراج دادند . و بدین ترتیب ترازنامه واقعاً پر افتخاری را از این اتحاد نا مقدس برجای نهادند .

یک مظهر دیگر از فعالیت این نیروهای تخریبی، واقعه بیست و یکم فروردین ۱۳۴۳ بود . صبح آن روز ، هنگامیکه مانند روزهای

دیگر بدفتر کار خودم در کاخ مرمر میرفتم ، یک سرباز گارد که مثل همه سربازان سوگند وفاداری یاد کرده بود با رگبار مسلسل در صدد قتل من برآمد. ولی مشیت کامله الهی که مرا تا آنوقت بارها نجات داده بود در آن روز نیز مرا از یک مرگ حتمی حفظ کرد . منتها در راه اجرای این مشیت الهی دو نگاهبان پاکدل و وظیفه شناس برای حفظ من بافداکاری جان خویش را از کف دادند وشربت شهادت نوشیدند.

عامل این سوء قصد در همان موقع بدست این نگاهبانان ازجان گذشته از پای درافتاد ، ولی محرکین اصلی او اندکی بعد کشف و بازداشت شدند و با اظهارات ایشان پرده از روی توطئه‌ای که تکوین یافته بود برداشته شد. هدف از این توطئه این بود که با کشتن من وضع ونظام موجود مملکت بهم بخورد و جنگ داخلی و بخصوص جنگهای پارتیزانی درجنگلها و کوهستانهای کشور شروع شود، تابقول خود این عده دولتهای بزرگ وادار بدخالت در امور ایران گردند. ولی ، اینها میخواستند این نظم بهم بخورد که بعد از آن چه بشود؟ که اصلاحات ارضی انجام نگیرد ؟ که به کارگران مترقی‌ترین حقوق و مزایای ممکن داده نشود ؟ که زنان ایران از قید و بندهای ظالمانه آزاد نگردند ؟ که سپاهیان دانش و بهداشت و آبادانی بروستاها نروند ؟ آیا اگر میبایست این کارها نشود ، دولتهای بزرگ وادار بدخالت در امور ما بشوند که چه نتیجه‌ای از آن گرفته شود ؟

همچنانکه بلوا و غارت پانزدهم خرداد ارمغانی بود که ارتجاع سیاه برای ما همراه آورده بود، این توطئه نیز ارمغانی بود که کمونیست های ایرانی تربیت شده در دانشگاههای انگلستان برای مردم ما تهیه دیده

بودند . ولی هم آن تلاش ، و هم این تلاش ، و هم کلیه تلاشهای دیگری که برای ازمیان بردن آثار انقلاب اجتماعی ایران صورت گرفت تلاشهائی مذبوحانه بود ، زیرا در آن موقع چرخ اصلاحات با قاطعیت و کوبندگی کامل بکار افتاده بود و نیروهای اهریمنی از هر جا که سرچشمه میگرفتند خواه ناخواه سرنوشتی بجز خرد شدن در زیر این چرخ نداشتند .

اجرای مقررات قانونی اصلاحات ارضی بلافاصله بعداز تصویب این قانون آغاز شد . نخستین شهرستانی که این قانون درآن اجرا گردید مراغه بود ، و با تجارب حاصله ازآن در سراسر شهرستانهای کشور اجرای مقررات قانونی اصلاحات ارضی شروع شد .

تا این تاریخ بر اثر اجرای قانون اصلاحات ارضی وضع قانونی بیش از دومیلیون خانوارزارع باتعداد عائله‌ای متجاوز از یازده میلیون نفر روشن شده و عملیات اجرائی این قانون در سطح روستاها جمعاً در ۵۰۰۰۰ قریه و نزدیک به ۱۷۰۰۰ مزرعه خاتمه یافته است .

برای نیل به هدفهای مرحله سوم اصلاحات ارضی که مکانیزه کردن کشاورزی ایران و بالابردن سطح محصول از راه استفاده از اصول کشاورزی عصر جدید و در نتیجه بالابردن سطح زندگی کشاورز ایرانی است ، یک برنامه بیست ماده‌ای تدوین شده است که اصول آن عبارت است از : ترویج اصول صحیح آبیاری ، توسعه و تعمیم مصرف کود شیمیائی ، ترویج مکانیزاسیون کشاورزی متناسب با شرائط طبیعی و اقلیمی مناطق مختلف کشور ، حفظ محصولات کشاورزی از

خطر آفات و امراض در مزارع و انبارها ، تربیت کارشناسان فنی در رشته های مختلف کشاورزی ، انتقال صحیح محصولات کشاورزی از مناطق تولید بمراکز مصرف ، تقویت و توسعه شبکه شرکتهای تعاونی وواحدهای زراعی و تشکیلات مشابه دیگر ، تثبیت واحد اقتصادی در کشاورزی ، تلفیق دامداری با زراعت، تشویق سرمایه گذاری خصوصی در فعالیتهای کشاورزی و دامداری از طریق تأمین کمکهای فنی و اعطای وامهای نظارت شده ، تلفیق برنامه های کشاورزی با برنامه های صنعتی کشور، عمران اراضی بایر ، بیمه تولیدات زراعی و دامی ، تشکیل شرکتهای اختصاصی تولیدات کشاورزی .

آنچه در اجرای کلیه این برنامه ها ضرورت کامل دارد توسعه شرکتهای تعاونی روستائی است، زیرا بدون وجود این تعاونیها امکان کار واقعاً مثبت و مفیدی برای کشاورزانی که صاحب آب و ملک شده اند نخواهد بود . بدین جهت همزمان با اجرای برنامه اصلاحات ارضی شرکتهای تعاونی متعددی نیز بمنظور کمک بزارعین و روستائیانی که صاحب زمین میشدند با شرکت خود روستائیان تأسیس شد و تعداد این شرکتها بسرعت افزایش یافت. این شرکتها از بدو تأسیس خود با دادن وام و اعتبار بزارعین و تهیه کود شیمیائی برای آنها و تأمین آب در مناطقی که کشاورزان آن در مضیقه بی آبی هستند برفع بسیاری از نیازمندیهای کشاورزان کمک بسیار مؤثری کرده اند .

تا پایان مهر ماه ۱۳۴۵ بیش از ۷۰۰۰ شرکت تعاونی با قریب ۹۰۰۰۰۰ عضو در کشور تأسیس شده که حوزه فعالیت آنها تقریباً

۱۶۰۰۰ روستا را شامل میشود . میزان سرمایه این شرکتها که به وسیله خود روستائیان پرداخت‌شده درحدود ۸۰۰ میلیون ریال است. همچنین بمنظور تمرکز قوای معنوی و مادی شرکت‌های تعاونی در مناطق مختلف کشور تاکنون ٥٤ اتحادیه‌تعاونی تأسیس شده‌است .

برای‌اینکه این شرکتهای‌تعاونی روستائی هرچه بهتر با اصول کارها و وظائف خود آشنائی یابند ، از اواسط سال ۱۳٤۲ سازمانی بنام سازمان مرکزی تعاونی روستائی تحت حمایت و هدایت وزارت کشاورزی و بانک‌اعتبارات کشاورزی‌و عمران روستائی ایران‌باسرمایه اولیه یک میلیارد ریال تأسیس شده است. وظائف اساسی این‌سازمان عبارت است از : آموزش اصول تعاون وروش اداره شرکتهای تعاونی و تربیت کادر برای سرپرستی این شرکتها ، توسعه شبکه تعاونی در مناطق روستائی ، کمک اعتباری به‌شرکتهای تعاونی بمنظور افزایش محصول و درآمد دهقانان ، بازاریابی برای فروش‌محصول کشاورزان، توسعه و تقویت صنایع دستی و روستائی ، ارتباط با شرکتهای تعاونی مصرف و با سازمانهای بین‌المللی تعاونی . هدف اصلی این است که بتدریج اداره امور شرکتها بدست خود کشاورزان سپرده شود ، و نیز با فروش تدریجی سهام سازمان مرکزی تعاونی روستائی به اتحادیه‌های شرکتهای تعاونی ، مالکیت کلیه این سهام متعلق بکشاورزان شده و اداره امور آن نیز به خود آنان واگذار شود .

برای پر کردن خلائی که‌بابرکناری مالکین بزرگ ازروستاها بوجودآمد ، بانک اعتبارات کشاورزی وعمران روستائی‌ایران کمکهای اعتباری خود را بکشاورزان همهٔ روستا ها توسعه داد ، بطوریکه در

چهار سال اخیر این بانک تنها از طریق ۷۰۰۰ شرکت تعاونی در حدود چهار صد میلیون ریال وام بین کشاورزان تقسیم نمود و بر رویهم در حدود ۱۷ میلیارد ریال به کشاورزان مناطق مختلف کشور وام و اعتبار داده است. با پایان مرحله دوم اصلاحات ارضی وآغاز مرحله سوم این اصلاحات ، بانک اجرای طرح های اساسی را در دهات مستقلاً بعهده گرفته است تا شرکتهای تعاونی روستائی بتوانند هرچه بیشتر به تأمین احتیاجات کوچک کشاورزان بپردازند ۰ نکته جالب درین مورد این است که برای پرداخت وامها و کمکهای نقدی و جنسی به کشاورزان در موارد عوامل نا مساعد جوی و آفات وغیره ،بجای اینکه این کشاورزان برای رفع مشکلات خود بسراغ بانک روند ، اکیپ‌های سیار بانک بدهات میروند ، ودرحقیقت این کمکی است که باپای خود باستقبال روستا ها میشتابد . البته از نظر من همه این فعالیتها هنوز کافی نیست وحتی در مقابل آنچه باید بشود خیلی کم است، ودرآینده چندین برابر آنچه تاکنون شده باید سرمایه دراین کار صرف کنیم .

با استفاده از این امکاناتی که در اختیار کشاورز ایرانی گذاشته میشود ، امیدواریم تدریجاً درآمد سرانه چنین کشاورزی با درآمد سرانه همکاران او در پیشرفته‌ترین ممالک دنیا تطبیق کند .قبلاً گفته شد که درآمد متوسط یک خانواده کشاورز ایرانی تا قبل از اصلاحات ارضی سالانه بین ده تا پانزده هزار ریال بود . برای اینکه فرق فاحش بین‌چنین درآمدی با آنچه مورد انتظار ماست معلوم شود کافی است مثالی بعنوان نمونه نقل گردد: چندسال پیش درمملکت هلند کنفرانسی تشکیل شد تا بدین موضوع رسیدگی کند که یک خانواده کشاورز

چقدر باید زمین داشته باشد تا درآمد آن کفاف مخارج خانواده را بکند؟ میدانیم که در مملکتی مانند هلند بعلت وفور باران خطر بی‌آبی وجود ندارد ، و تازه بفرض وجود چنین خطری کانالها و سیستمهای آبیاری آب را بهمه‌جا میرسانند . از طرف دیگر شرکتهای مجهز تعاونی که همه گونه احتیاج کشاورزان را از لحاظ کود شیمیائی و اعتبارات مالی و خرید محصولات آنها تأمین میکنند ، و وجود خطوط مواصلاتی بسیار که همه‌جا مزارع را به شاهراه‌ها متصل میسازند ، و فراوانی تعمیرـ گاههای ماشین آلات کشاورزی ، تسهیلات فراوانی را در دسترس کشاورزان گذاشته است . با وجود تمام این مزایا ، نتیجه‌ای که از مطالعات کنفرانس مذکور بدست آمد این بود که یک خانواده کشاورز که عادتاً در کشوری مانند هلند تعداد افراد آن از چهار تا پنج نفر تجاوز نمیکند حد اقل باید دوازده هکتار و نیم زمین داشته باشد تا درآمد او در سال کفاف احتیاجات آن خانواده را بدهد .

برای اینکه عایدی یک خانواده کشاورز ایرانی بپای عایدی خانواده مشابه آن در کشورهای مترقی برسد، باید حساب کنیم که از هر هکتاری چقدر محصول باید بدست بیاید و راه‌های رسیدن بدین مقدار محصول چیست، و طبعاً باید همه این تدابیر یعنی آبیاری صحیح ، استفاده از ماشینهای زراعتی ، استفاده از کود شیمیائی ، تربیت فنی کشاورزان ، مبارزه با آفات کشاورزی و سایر نکات لازم را بکاربندیم .

از طرف دیگر فراموش مکنیم که ما برای اینکه کشوری کاملاً مترقی بشویم ، باید حتماً یک مملکت صنعتی شویم . لازمه چنین تحولی این است که ترکیب فعلی جمعیت کشور که تقریباً ۶۵ درصد آن در روستاها و ۳۵ درصد در شهرها زندگی میکنند تغییر کند ،

بطوریکه نسبت کشاورزان از یک ربع مردم کشور بیشتر نباشد.

اگر فرض کنیم این کار در حدود ۲۰ تا ۳۰ سال طول بکشد، طبعاً در این مدت جمعیت ایران به ۴۰ تا ۴۵ میلیون نفر خواهد رسید. در صورتیکه در آن موقع واقعاً بیش از ۲۵ درصد جمعیت ایران کشاورز نباشند، تعداد این طبقه کمی بیش از دو میلیون خانواده یعنی تقریباً ده میلیون نفر خواهد بود. ما امید واریم که تا آن موقع مقدار زمینهای زیر کشت کشور به ۳۰ میلیون هکتار رسیده باشد. در آن صورت مقدار زمینی که به هر خانواده کشاورز تعلق میگیرد و درآمدی که ازین بابت عاید آن خانواده میشود مطابق درآمد ممالک مترقی دنیا خواهد بود. ولی برای این کار باید از هم اکنون تمام پیش بینی ها و اقدامات لازم بشود. در تمام نقاط کشور که امکان سد سازی در آنها هست پس از مطالعات لازم این سدها ساخته شود و اراضی زیر سد طبق آخرین سیستم کشاورزی مورد استفاده قرار گیرند. جائی که امکان سد سازی نیست بوسیله حفر چاه‌های عمیق از آب‌های زیر زمینی مملکت ـ البته بمقداری که دقیقاً حساب شده باشد ـ برای کشاورزی استفاده شود. کود شیمیائی کافی فراهم گردد و در اختیار کشاورزان قرار گیرد. بهترین انواع بذرها برای زارعین تهیه شود. مبارزه با آفات نباتی هرچه بیشتر توسعه یابد. برق کافی بتمام دهات ایران برسد. روستاهای کشور با شاهراهها و خطوط مواصلاتی متصل گردد وخانه‌ها ومساکن سالم طبق اصول بهداشتی ساخته شود. بدیهی است مهمترین وسیله تأمین تمام این هدفها ایجاد و توسعه شرکتهای تعاونی تولید، شرکتهای تعاونی توزیع وشرکتهای تعاونی

مصرف است که در این موردمیباید هم سازمانهای دولتی وهم خود مردم ایران کمال کوشش و همت رابکار برند.

مسئله مهم دیگری که از جهاتی با این شرکتهای تعاونی ارتباط پیدا میکند، و از لحاظ هدفی که از اجرای اصلاحات ارضی مورد نظر است اهمیت بسیار دارد، موضوع تأثیر وراثت در قانون اصلاحات ارضی است. طبق این قانون برای اراضی متعلق بمالک حد اکثری معین شده است که تجاوز ازآن مجاز نیست. ولی درعین حال اگر بنا باشد که با فوت این مالک زمین او بر اثر تقسیم میان وراث بقطعات کوچکتری قسمت گردد، دیگر بهره حاصله از هر یک از این قطعات کوچک کافی برای زندگی یک خانواده کشاورز نخواهد بود، و این خود مخالف هدف اصلاحات ارضی است.

فرض کنیم یک کشاورز در حال حاضر بطور متوسط صاحب ده هکتار زمین است وخانواده او نیز بطور معمول از پنج نفرتشکیل شده است. اگر بادرگذشت این کشاورز، زمین ده‌هکتاری او بین‌عائله‌اش تقسیم شود، یعنی بصورت قطعات دو یا سه یا چهارهکتاری درآید، چطور صاحبان تازه این‌قطعات میتوانند زندگی خود وکسان خویش را با عایدی حاصله از چنین زمینی تأمین کنند؟ البته ممکن است با درآمد سه یا چهارهکتار هم زندگی کرد، ولی این زندگی آنقدر محقر خواهد بود که نه تنها در ایران فردا که بر اساس انقلاب ما ساخته میشود، بلکه در ایران امروز نیزکه اصول انقلاب در آن پی ریزی میگردد قابل قبول نیست، و چنین درآمدی نمیتواند با نقشه‌های اجتماعی ما تطبیق بکند.

بهمین جهت است که بمنظور پیش گیری از تقسیم واحد های کنونی زراعی بقطعات کوچکتر ، قانون اصلاحات ارضی درماده ۱۹ خود تصریح کرده است که: « هر گونه معاملاتی نسبت با راضی وا گذار شده که منجر به تجزیه آن اراضی بقطعات کوچکتر از حد اقلی گردد که از طرف وزارت کشاورزی برای هر منطقه تعیین میشود ممنوع و باطل است . »

طبق این ماده از قانون اصلاحات ارضی ، باید درچنین موردی وراث مالک متوفی یکی از دو کار را بکنند : یا در باره اداره ملک با یکدیگر توافق کنند و آنرا بصورت همان واحد زراعتی که هست مشتر کاً اداره نمایند ، یا اینکه آن را بزارع دیگری در همان قریه بفروشند. ولی در این ماده روشن نشده است که اگر وراث نسبت با دارهٔ ملک موروثی با یکدیگر توافق نکنند ، و در عین حال حاضر بفروش آن نیز نشوند و یا اگر حاضر بفروش شدند برای خرید آن ملک داوطلبی نباشد ، تکلیف چیست ؟ بدین جهت پس از مطالعات لازم در نظر گرفته شد که چنین زمین زراعتی مادام که بفروش نرفته یا وراث در امر بهره برداری از آن توافق نکرده اند در اختیار شرکتهای تعاونی قریه قرار گیرد و عایدات آن بین وراث متوفی طبق قوانین جاریه تقسیم گردد . این طرح بصورت ماده قانونی توسط وزارت کشاورزی تسلیم مجلسین خواهد شد تا درصورت تصویب بمورد اجرا گذاشته شود .

بدین ترتیب ، یا اداره مشترک وراث ، یا فروش ملک بزارع دیگر ، و یا اداره آن توسط شرکتهای تعاونی ، مانع آن خواهد شد که زمین بر اثر فوت مالک بقطعات کوچکتر تقسیم شده و از این راه اثر وجودی خویش را از نظر دادن عایدی کافی بافراد خانواده از

دست بدهد . در عوض برای بالا بردن عایدی و تأمین بهره بیشتری از فعالیتهای کشاورزی بخرده مالکین و کشاورزان، تشکیل واحدهائی بنام « واحد سهامی زراعی » در نظر گرفته شده است ، زیرا بخصوص با توجه بتوسعه صنعتی روز افزون کشور و جذب طبیعی تعداد کثیری از جمعیت روستائی بمراکز صنعتی و کارگاهی شهری ، پیش بینی امکانات ایجاد واحدهای نسبتاً وسیع زراعی ضروری بنظر میرسد .

درین مورد مالکین و کشاورزان یک واحد سهامی زراعی تشکیل میدهند که در آن در واقع زمین مبدل بسهم میشود ، یعنی هر کس بنسبت زمینی که میگذارد سهم میبرد ، بعلاوه اینکه برای اضافه تولید و کار بیشتر نیز سهم اضافی به کشاورزان تعلق میگیرد ، یعنی وی اضافه بر سهم زمین سهم کار نیز دارد . بدین ترتیب در موقع تقسیم یا وراثت و یا احیاناً خرید و فروش ، خود زمین دست نمیخورد و واحد زراعی بصورت یک واحد محفوظ میماند و فقط سهام مربوط بدین زمین است که خرید و فروش میشود .

زمینهائی که بدین ترتیب در شرکتهای زراعی جمع میشوند ممکن است یک واحد سیصد یا چهارصد یا پانصد هکتاری تشکیل بدهند که طبعاً یک چنین واحدی میتواند مقتضی همه نوع سرمایه گزاری باشد و با آخرین سیستمهای کشاورزی مکانیزه تجهیز بشود ، و بانکهائی که برای همین نوع کارها تأسیس شده‌اند و حتی وجوه مخصوصی که دولت باینکار تخصیص خواهد داد با اطمینان خاطر بکمک این شرکتها خواهند آمد ، و نتیجه این خواهد بود که هر فرد کشاورز ایرانی حد اکثر استفاده را چه از زحمت و چه از سرمایه خودش ببرد و دیگر پس از فوت او خانواده اش دچار عسرت یا

آوارگی نشود و زمین به مقیاسهای خیلی کوچک تقسیم نگردد . بالعکس با تشکیل واحدهای اقتصادی زراعتی بر اساس کشاورزی، مدرن و مدیریت صحیح و حد اکثر استفاده از منابع محلی و نیروی انسانی ، کشاورزی ایران روز بروز پیشرفته‌تر و با رونق ترشود .

***

با توجه بشرائط و مقتضیات اجتماعی و فنی لازمه تحقق اصل اصلاحات ارضی ایران ، ضروری است که پیش از پایان این فصل در بارهٔ نظام نوین آب در ایران که در مقدمه کتاب بطور کلی بدان اشاره شد توضیح بیشتری داده شود ، زیرا این مسئله ای است که نه تنها با کشاورزی ما و با روح واساس انقلاب ما ، بلکه اصولاً با حیات و موجودیت ملی ما ارتباط دارد .

مسئله کم آبی ، مسئله بسیار مهمی است که ما با آن مواجه هستیم و میباید از هم اکنون کمال کوشش را برای مقابله با آن بعمل آوریم. کشورما بر رویهم ۱٬۶٤٥٬۰۰۰ کیلومترمربع مساحت داردکه در حدود ۳۰ درصد آن قابل کشت است. ازین مقدار در حال حاضرفقط ۷ میلیون هکتار زیرکشت دائم آبی و دیم قرار دارد و درحدود ۱۰ میلیون هکتار نیز سطح اراضی آیش است ، و هنوز معادل ۳۳ میلیون هکتار از اراضی قابل کشت درجه یک و دو وسه مورد استفاده قرار نگرفته است. قسمت‌اعظم این اراضی طبعاً درآینده زیرکشت قرار خواهندگرفت ، زیرا هم سطح زندگی مردم منظماً بالاتر میرود ، هم باصنعتی شدن مملکت که لازمه آن مکانیزه شدن کشاورزی است امکانات زیادتری برای توسعهٔ کشاورزی حاصل میشود . و هم مخصوصاً جمعیت مملکت پیوسته زیادتر میگردد.

بدیهی است هر قدر زمینهای زیادتری زیرکشت بروند ، و هر قدر فعالیت صنعتی زیادتر شود ، و هر قدر سطح زندگی و بهداشت مردم بالاتر رود، احتیاج روزانه به آب در تمام این رشته‌ها افزایش مییابد ، در صورتیکه در مقابل این افزایش منظم نیاز بآب ، براثر وضع جغرافیائی و اقلیمی فلات ایران مقدار آبی که هرساله از آسمان بر کشور ما نازل میشود ثابت است و تغییری نمیکند ، و تازه خطر خشکسالی نیز همواره وجود دارد . این مقدار آب از نظر علمی حساب شده و معین است : بطور کلی در مملکت ما در نواحی دریای خزر حد متوسط باران در سال یک متر ، در نیمی از کشور بین ۲۰۰ تا ۴۰۰ میلیمتر و در یک ثلث آن فقط در حدود ۱۰۰ میلیمتر است ، و در ناحیه‌ای مانند یزد این رقم حتی از ۶۰ میلیمتر در سال تجاوز نمیکند .

بنابراین مقدار آبی که ما هرساله میتوانیم در اختیار داشته باشیم ثابت و معین است . البته میتوان پیش بینی کرد که علم و صنعت و تکنیک بزودی راه حلی که از لحاظ اقتصادی قابل قبول باشد برای تبدیل آب شور بآب شیرین پیدا کنند . ولی اشکال ما درین مورد این است که فلات ایران در حد متوسط در یکهزار متر بالای سطح دریا قرار گرفته است ، و بفرض هم که راه حلی اقتصادی برای شیرین کردن آب دریا پیدا شود تلمبه زدن آب از مسافات زیاد و در چنین ارتفاعی برای استفاده از آن درامر زراعت مسلماً جنبه اقتصادی نخواهد داشت .

دراین صورت ما باید از دو راه اقدام کنیم : اول اینکه کلیه منابع آب را در سراسر مملکت ملی کنیم ، زیرا مسلم است که هر قطره آب در مملکت بتمام مملکت و بهمه جامعه تعلق دارد . دوم اینکه

سعی کنیم در آینده صنایعی را که بخصوص احتیاج بمصرف آب دارد تا آنجا که ممکن باشد در مناطق ساحلی خود مان ایجاد کنیم، تا بدین ترتیب آب دریا درصورت شیرین شدن بلافاصله بتواند مورد استفاده کارخانه ها قرار گیرد . البته هوای سواحل خلیج فارس که باید این نوع کارخانه‌ها در آن ایجاد شوند غالباً خیلی گرم است ، ولی با وسائل فنی امروزی خنک کردن هوای داخل کارخانه ها ونیز مطبوع کردن هوای داخل منازل مسکونی کارگران وسایر افرادی که در این صنایع کارمیکنند دشوار نیست.

ملی کردن آب در کشور گذشته از آنکه مطابق با مصالح عالیه ملی ماست ، با روح و مفهوم تعالیم اسلامی نیز تطبیق دارد ، زیرا در احادیث اسلامی آمده است که : « مسلمانان در سه چیز با یکدیگر شریکند: آب و آتش و مراتع*. »

احتیاجی بتذکر این حقیقت نیست که ریزشهای آسمانی که تبدیل بآب میشود چیزی است که افراد کشور در مورد آنها نه تلاشی بخرج میدهند و نه سرمایه گزاری میکنند ، وهمه این ها صرفاً عطیه الهی است که طبعاً تعلق بتمام ملت دارد . مامیباید با استفاده از کاملترین اصول علمی وفنی ، منابع آبهای سطحی و آبهای زیرزمینی و رودخانه ها ودریاچه های آب شیرین را در کشور خود دقیقاً برآورد و ثبت کنیم ، سپس باحداکثر استفاده از تکنیک وصنعت آنهارا باصطلاح مهار نمائیم وبا کمال صرفه‌جوئی وبا حد اعلای بازده، بترتیب اولویت بمصرف رفع نیازمندیهای خانگی وشهری و کشاورزی وصنعتی برسانیم . کمال مطلوب این است که توسعه منابع آب و انتقال آنها تا مجاورت

* المسلمون شرکاء فی ثلاث : الماء ، والنار ، والکلاء .

روستاها ، بنحوی صورت گیرد که هریک از افراد ملت که از طریق کشاورزی زندگی میکند ، مقدار آب مورد نیاز خود را ـ نه بیشتر ونه کمتر ـ در فصل مساعد کاشت بدست آورد ، و بنرخی عادلانه از این موهبت خداوندی وثروت ملی بهره مندشود . همینطور به هر فرد دیگر ایرانی ، چه برای نوشیدنش ، چه برای نظافتش ، چه برای مصارف صنعتی، بتناسب کار و احتیاجش آب تحویل شود ، تا این ماده حیاتی که اساس زندگی است بیجهت بهدر نرفته باشد .

درتأمین این منظور میباید در قوانین و مقرراتی که در گذشته حاکم بر منابع آب ونحوه توسعه وبهره برداری از آن بوده تجدید نظر کلی بعمل آید . از آغاز مشروطیت ایران در سی و هشت قانون بطور مستقیم و غیرمستقیم بمسائل مربوط بآب اشاره شده است که آخرین آنها قانون مربوطه به بهره برداری و نظارت آبهای زیر زمینی است . ولی هیچکدام از این قوانین برای تأمین کامل منافع ملی ما درین زمینه کافی نیست.

حتی بسیاری ازمقرراتی که اکنون مورد اجرا است، مانع بزرگی در راه توسعه منابع آب سطحی و احداث سدهای مخزنی بوجود آورده و باعث شده است که با تلف شدن آبی که با زحمت بسیار و سرمایه گزاریهای سنگین تقریباً بطور رایگان بدست معدودی از صاحبان حقابه میرسد، و باقوانین موجود در کیفیت مصرف وتعیین اولویت های برنامه کشت و کشاورزی ، قسمتی از ثمره فعالیتها وسرمایه گزاریهای دولت بهدر برود .

بنابر این ضرورت دارد که دولت سیاست در از مدتی را در مورد اصول حاکم بر برنامه های توسعه منابع آب با توجه باینکه در

کلیه قوانین موضوعه و همه اقداماتی که بعمل میآید اساس کار توزیع هرچه عادلانه تر ثروت ملی و استفاده افراد از مواهب و منابع طبیعی به تناسب نیاز مشروع و اندازه تلاش وکار آنها باشد ، درنظر گیرد وبمورد اجرا درآورد .

اصول چنین سیاستی عبارت است از : نظارت دولت برتأمین و تنظیم آب مورد احتیاج کشاورزی اعم ازکشت زمستانی یا تابستانی یا باغ داری باتوجه به امکانات فنی و مالی و محلی ، ایجاد سازمانهای آب منطقه‌ای و مؤسسات تعاونی تأمین و توزیع آب ، اجرای طرحهای مهار کردن آبهای سطحی وذخیره آنها ، استخراج صحیح آبهای زیرزمینی و بهره برداری از آنها. باید درنظر گرفته شود که هر فرد ایرانی حق دارد تاحد نیازمند یهای واقعی و معقول خود برای مصارف خانگی یا کشاورزی یاصنعتی ازآبهای مملکت استفاده کند، ولی این حق قابل تملک نیست و هیچ کس مجاز نیست قسمتی از این ثروت ملی را عمداً یا سهواً تلف کند ، یا آنرا بصورت غیرقابل استفاده درآورد ، یااز راه احتکار وسیله معاملات بازرگانی وتحصیل سود قرار دهد. دولت مکلف است با تهیه طرحهای مهار کردن آب رودخانه ها وسیلابها وکشف آبخانه های زیر زمینی از لحاظ کمی و کیفی وتعیین وتشخیص اولویت اقتصادی وفنی و اجتماعی هریک از این طرحها در چهار چوب طرح کلی اقتصادی مملکت و اجرای آنها طبق برنامه های آبادانی که با درنظر گرفتن کلیه امکانات مالی و عوامل انسانی قابل تجهیز کشور تدوین میشود ملت را بحد اعلای استحصال با حداقل سرمایه گزاری و با ارزانترین قیمت و درکوتاه ترین مدت ممکن از این ثروت خداداد مالی بهره مند سازد. دولت مکلف است باایجاد نظام نوین آبیاری و

کشاورزی و تعمیم آموزش کشاورزی در سراسر روستاها و بکاربردن تکنیکهای جدید و نسخ روشهای کهنه برنامه های توسعه منابع آب و خاك را بنحوی تنظیم و اجرا نماید که درنتیجه آنها طریقه های قدیمی آبیاری و کشاورزی کاملاً منسوخ شود و جای خود را بروشهای جدید بسپارد و سرمایه گزاری در توسعهٔ منابع آب وتوسعهٔ کشاورزی بقسمی انجام گیرد که درآمد متوسط سرانه در روستاها بادرآمد سرانه شهرنشینان تناسب عادلانه ای داشته باشد.

۲

ملّی شدن جنگلها و مراتع

اصل دوم از اصول ششگانه انقلاب که برای تصویب ملی در معرض مراجعه بآراء عمومی گذاشته شد اصل ملی شدن جنگلها و مراتع درسراسر کشور بود . با تصویب این اصل اکنون این منابع ثروت خداداد که حقاً متعلق بتمام ایران است بمالکیت عمومی و ملی درآمده است.

در تمام جهان ، جنگل ـ در هر جا که وجود دارد ـ یکی از منابع ثروت ملی و بهره برداری اقتصادی و صنعتی است . البته از این حیث برخی از مناطق جهان موقعیت بسیارممتازی دارند، بعضی بعکس دارای منابع جنگلی محدود هستند ، و برخی از ممالک نیز اصولاً بکلی از داشتن این منبع ثروت محرومند . مثلا کشور پهناور برزیل دارای منطقهٔ جنگلی عظیمی است که وسعت آن بتنهائی معادل نیمی از وسعت اروپا است ، هرچند که قسمت اعظم از این منطقه تاکنون دست نخورده مانده است.

درکشور کانادا تقریباًچهارصد میلیون هکتارجنگل وجوددارد امریکای لاتین و افریقاهرکدام تقریباً دارای هشتصد میلیون هکتار جنگل هستند . بطورکلی در روی زمین درحدود چهار میلیارد هکتار جنگل هست که قسمتی از آن برای مصارف مختلف صنعتی بخصوص

صنایع چوب و صنایع کاغذ سازی وصنایع شیمیائی وتهیهٔ ذغال مورد استفاده قرار دارد ، وقسمت مهم دیگر هنوز دست نخورده است.

کشورما ازین حیث یک کشور خیلی غنی نیست ، معهذادارای اراضی جنگلی نسبتاً وسیعی است که میتواند منبع قابل توجهی درثروت ملی بشمار آید.

مناطق کرانه دریای خزر و دامنه های شمالی البرز از آستارا تا بجنورد که مانند کمربند سبزی ناحیه جنوبی بحرخزر را فرا گرفته، پوشیده از جنگلهائی است که مساحت آن ها به ۳٫٤۰۰٫۰۰۰ هکتار بالغ میشود. قسمتی ازین مساحت جنگلهای عالی و قابل بهره برداری صنعتی و قسمت دیگر آن اراضی عادی جنگلی و بوته زارها وجنگلهائی است که بر اثر سوء استفاده های گذشته فعلاً قابل بهره‌برداری نیست.

بغیر ازین منطقه اصلی ، در مناطق مختلف غرب و شرق وجنوب ومرکز ایران مناطق جنگلی دیگری وجود دارند که بیشتر آنها را جنگلهای تنک و کم درخت تشکیل داده‌اند. غالب این جنگلها بقایای جنگلهای انبوه سابق هستند که نوعاً براثر قطع درختان و ذغالسوزی وچرای دام بوضع نامطلوبی درآمده اند ، واکنون جز جنبه های حفاظتی ارزش اقتصادی زیاد ندارند.

این مناطق مشتملند بر : جنگلهای بلوط در مغرب وجنوب غربی، جنگلهای پسته و بادام ، جنگلهای گرمسیری و جنگلهای نواحی کویری و آهکی و کوهستانی ، جنگلهای حوزهٔ دریای عمان.ازین جنگلها مجموعاً بیش از دو یا سه میلیون هکتار را جنگل واقعی محسوب نمیتوان داشت.

البته در گذشته وضع کشور ما از نظر جنگل خیلی بهتر از این بوده است. شواهد متعدد تاریخی که در دست ما است حکایت از آن دارد که درقدیم نواحی پهناوری از ایران پوشیده از جنگلهای سرسبز و انبوه بوده است. در اوستا چندبار به جنگلهای خرم اشاره شده. هرودوت در شرح سفر جنگی خشایارشا بیونان از وسعت نواحی جنگلی ایران سخن میگوید. ناصرخسرو درسفرنامه خود حکایت میکند که درمسیر خویش درنواحی غربی کشور چندین روز از زیرشاخ وبرگ درختان عبور میکرده است. ابن بطوطه سیاح معروف مراکشی قرن هشتم هجری در شرح سفر خود با یران مینویسد که کوهستانهای غربی این کشوررا بخصوص در منطقه لرستان پوشیده از درختان انبوه بادام و بلوط دیده است.

حتی تا قرون اخیر، فلات ایران خیلی خرمتر و سر سبزتر از امروز بوده است. در عالم آرای عباسی در شرح لشکرکشی شاه عباس بخراسان برای راندن ازبکان، نوشته شده که الهوردی خان والی فارس خود را درمدت دو هفته از شیراز به بسطام که اردوگاه شاه عباس بود رسانید وقسمت مهمی از این مسیر را درکناره کویر ازمیان جنگلهای بادام کوهی عبور کرد.

سفرنامه «سون هدین» جهانگرد و دانشمند معروف سوئدی که درقرن گذشته با یران و آسیای مرکزی مسافرت کرد نیز حاکی است که وی در آن موقع در کنارهٔ شمالی کویر بزرگ ایران مناطق جنگلی دیده است.

علاقه بحفظ جنگلهای طبیعی و حتی ایجادجنگلهای مصنوعی ازدوران باستانی از سنن مذهبی و حکومتی ایرانیان بوده است. مثلا هرودوت نامه‌ای‌را ازداریوش هخامنشی نقل میکندکه وی به‌شهربان

(ساتراپ) خود نوشته و در آن دربارهٔ ایجاد جنگلهای مصنوعی از درختان میوه مختلف و استفاده از بذر نباتات مفید بدین منظور، بوی دستورهای مشروحی داده است.

نکته مهم این است که در تاریخ باستانی ایران هیچ سندی که حاکی ازمالکیت خصوصی برجنگل باشد دردست نیست. دراصول اسلامی نیز نه‌تنها چنین مالکیتی تجویز نشده، بلکه بالعکس، چه از سوابق تاریخی و چه از موازین فقه اسلامی‌خلاف این نظر استنباط میشود . مثلا تاریخ حکایت میکند که هنگامی که مسلمانان عراق رافتح کردند ، خلیفه دوم بنا بتوصیهٔ حضرت علی علیه السلام و براساس یکی از آیات قرآنی ، قسمتی از زمینهای کشاورزی را بین زارعین تقسیم کرد ودرعوض برهر کدام‌از آنهامالیاتی بنفع بیت‌المال وضع نمود ، ولی دربن تقسیم هفت طبقه از این اراضی از مالکیت خصوصی مستثنی شدند و در اختیار دولت قرار گرفتند که سه طبقه اول آن رودخانه ها و نهرها ، جنگلها و مراتع و بیشه ها ، مردابها و نیزارها بودند. یکی از انتقاد هائی که برخلیفه سوم وارد آورده اند همین است که وی برخلاف این سنت قسمتی از مراتع عمومی را به برخی از متنفذان خاندان اموی بخشید.

بنابراین مالکیت خصوصی برجنگلها نه فقط امری غیر منطقی و خلاف تعلیمات عالیه اسلامی است ، بلکه باسوابق عملی تاریخ اسلامی نیز مباینت دارد .

شک نیست که قسمت مهمی از جنگلهای ایران براثر تاخت و تازهای مختلف بخصوص هجوم مغول از میان رفت ، زیرا طبعاً با

ویران شدن شهر ها و روستاها وقتل عام ساکنان آنها ، نواحی آباد و سرسبز نیز تدریجاً دچار ویرانی وخشکی شد .

ولی گذشته ازین عامل ، علت اصلی نابودی و ویرانی جنگلها رامیباید وضع نابسامانی دانست که نتیجه سوء استفاده مالکان جنگلها یابعبارت صحیحتر مدعیان چنین مالکیتی بوده است ، زیرا این مالکان که غالباً براثر رواج اصول ملوك الطوائفی وخان خانی ، یابراثر ضعف و فسادحکومت مرکزی ، یا باتبانی با حکام و مأموران ، مناطق جنگلی وسیعی را تحت مالکیت خود در میآوردند بدون کمترین علاقه ای بحفظ این جنگلها یارعایت کمترین اصول فنی وعلمی، درختان را برای تأمین سوخت یاتهیه ذغال میسوزاندند ، وچون جای این درختان چیزی کاشته نمیشد پس از مدت کوتاهی ریگ وشن جای آنها را میگرفت وغالباً ازین راه حتی آبادیهای بزرگ ازمیان میرفت، زیرا دیگر جنگلی بر سر راه آنها نبود که مانع حرکت ریگها شود . از طرف دیگر براثر قطع منظم این درختان رطوبت هوابسیارکم میشد و درنتیجه دیگر منطقهٔ خشك وکویر مرکزی نمیتوانست درختان تازه ای را درخود پرورش دهد ، درحالیکه بسیاری از درختانی که سابقاً دراین مناطق میروئیدند ازپسته های کوهی معروف ایران بودند که بازارهای فروش خوبی برای آنها وجود داشت. اکنون نیز در مناطق کویر گاه بگاه تك درختهائی از چوبی که بدان تاق یا گز میگویند دیده میشود که بقایای همان جنگلهای قدیم هستند .

در دوران قاجاریه براثر ضعف یا عدم توجه حکومت مرکزی ویا سوء استفاده های حکام محلی وضع جنگل در ایران روز بروز بصورت

نامطلوبتری درآمد، بطوریکه درصورت ادامه آن وضع اصولاً جنگلهای ایران در خطر انهدام ونابودی بودند.

تا سال ۱۲۸۲ شمسی در هیچیک از مدارك دولتی کشور نشانی که حاکی از توجه بجنگلهای مملکت باشد نمیتوان یافت، اما ازین سال ببعد بعلت آنکه آمار گمرکی ایران توسط مستشاران خارجی باسلوب اروپائی تنظیم شد آماری از صادرات ذغال ایران دردست است که توجه بدان میتواند تاحد زیادی علت وضع نابسامان کنونی جنگلهای مملکت و لطمات جبران ناپذیری را که در یک قرن اخیر بدین منبع مهم ثروت ملی ما وارد آمده روشن کند.

طبق این آمار، مقدار ذغالی که در ده سالهٔ ۱۲۸۲ تا ۱۲۹۱ رسماً از ایران صادر شده در حدود ۳۳۰،۰۰۰ تن بوده، و میتوان تخمین زد که با عدم امنیت آن زمان و نبودن مرزبانی مجهز، بیش از این مقدار بطور قاچاق بخارج رفته باشد. ازطرف دیگر میزان مصرف داخلی طبعاً کمتر از میزان صادرات نبوده‌است. با این احتساب میتوان حداقل ذغال تهیه شده درکشور را درین مدت یکصد و سی هزار تن دانست که باید مقدار درختی را که برای مصارف نجاری و سوخت غیرذغالی قطع شده نیز بدرختانی که برای تهیه این مقدار ذغال بریده شده‌اند افزود. بدیهی است تهیه این ذغالها با منتهای بی مبالاتی وباوحشیانه ترین طرز استفاده از درختان جنگلی، یعنی با قطع کامل درختان تنها برای استفاده از سر شاخه های آنها صورت گرفته است، بخصوص که متأسفانه قسمت مهمی از این انهدام درختان نتیجه شیوع فوق العاده تریاك وقلیان بوده که احتیاج به ذغال چوب داشته و چنین ذغالی فقط ازقسمت کوچکی ازدرخت بدست میآمده است. بدیهی است درآن

دوران آشفته و باصطلاح بی‌حساب و کتاب ، بجای هیچکدام از این درختان که قطع میشد درخت تازه‌ای نشانده نمیشد. در واقع آن کاری که میشد استفاده مشروع ومنطقی از جنگل نبود ، یک نوع غارتگری بیرحمانه و وحشیانه بود.

در سال ۱۲۹۹ وزارت فلاحت وقت سازمان کوچکی بوجود آورد که وظیفه‌آن تهیهٔ نقشه و تفکیک جنگلهای خالصه ازجنگلهای خصوصی و تشخیص حدودجنگلهای‌دست نخورده‌بود. عده کارمندان این سازمان در منطقه‌شمال یعنی منطقه جنگلی اصلی کشور فقط چهار نفر بود که ریاست آنرا یک نفر اتریشی که بعداً تبعهٔ ایران شدبعهده داشت. از اوائل سال ۱۳۰۳ عده‌ای از طرف این سازمان بنام‌قراول برای جنگلهای شمال بکار گماشته شدند. این اداره تا سال ۱۳۱۰ مشغول کار بود و در این سال فارغ التحصیلهای کلاس تربیت جنگلبانی که بتازگی تأسیس شده بود بسمت پاسبان جنگل بانجام وظیفه پرداختند.

در سال ۱۳۱۹ در تهران اداره‌ای‌بنام اداره جنگلبانی‌تأسیس شد که ریاست آن‌را مهندس کریم ساعی که براثر یک‌حادثه هواپیمائی بقتل رسید و اکنون یکی از جنگلهای مصنوعی تهران بنام‌اوخوانده میشودبرعهده‌داشت. درسال ۱۳۲۱ این اداره‌تبدیل باداره کل‌جنگلها شد ودر اختیار وزارت کشاورزی که بتازگی ایجادشده‌بود قرار گرفت و وظیفه نظارت بر امر قطع و حمل و صدورچوب و تهیه هیزم و ذغال و کشت درختان تازهٔ جنگلی و پیوند آنها ، و نیز تعقیب متخلفین و مسئولین آتش سوزی و بازرسی حمل چوب بدان محول گردید.

در سال ۱۳۲۱ اولین قانون جنگل بتصویب مجلس رسید ، و

در همان سال نخستین کلاس کمک مهندسی برای امور جنگل و اولین آموزشگاه جنگلبانی تأسیس شد که فارغ التحصیلان آن بمناطق شمالی کشور اعزام گردیدند. در سال ۱۳۳۰ شورائی بنام شورای عالی جنگل مرکب از مهندسین و کارشناسان امور جنگلبانی ایجاد شد و در سال ۱۳۳۷ برای اولین بار طرحهای جنگلداری برای اجرای روشهای صحیح بهره برداری از جنگلهای شمال تنظیم گردید.

ولی با تمام این اقداماتی که صورت میگرفت، اشکال اصلی بحال خود باقی بود، و آن وجود مالکیتهای خصوصی برجنگلها بود که مانع جلوگیری از انهدام منظم این جنگلها میشد، زیرا این مالکین بمنظور استفادهٔ بیشتر و بی دردسرتر بجای اینکه طبق اصول ومحاسبات علمی دست بقطع درختان بزنند، هرقسمتهائی از جنگل را که نزدیکتر بجاده بود میسوزاندند یا درختهای آنرا میانداختند وسپس آنرا بحال خود رها میکردند وبسراغ نواحی بعد از آن میرفتند. سازمان جنگلبانی نیز بفرض هم که تمام سعی خودرا بکار میبرد چاره ای نداشت جز آنکه فقط بدریافت عوارض قانونی و انجام عملیات نشانه گزاری در جنگلها اکتفا کند، زیرا در هرنقطه‌ای که برنامهٔ قرق جنگل یا جنگلکاری طرح ریزی میشد، این سازمان با مخالفت‌ها یا کارشکنیهای مدعیان مالکیت و نفوذ اشخاص سرشناس محلی روبرو میشد.

بدین جهت بود که در سال ۱۳٤۱، همزمان باتنظیم واجرای طرحهای اساسی اصلاحات ارضی، تصمیم گرفتم یکبار برای همیشه بدین وضع نا هنجار که حاصل آن نابودی تدریجی معادن طلای سبز ایران بود خاتمه دهم، زیرا این وضعی بود که بر اساسی بکلی غیرعادلانه و نامشروع بوجود آمده بود. انقلاب اجتماعی ما بر این اصل

متکی بود که هرکس فقط در مقابل کاری که میکند از تلاش و کوشش خویش بهره ببرد. ولی در ایجاد جنگل هیچکس زحمتی نکشیده است تا حق چنین بهره برداری راداشته باشد. چنانکه درهمان موقع متذکر شدم: «جنگل ثروتی است خداداده که کسی در رشدو نمو آن زحمتی نکشیده و آنرا فقط طبیعت بوجود آورده است. بنابراین کاملا منطقی است که آن چیزیکه طبیعت برای یک کشوربوجود آورده متعلق بعموم افراد آن کشور باشد.»

براین اساس، در طرح مواد شش گانه انقلاب در نوزدهم دی ماه ۱۳٤۱ اصل ملی شدن جنگلها را بعنوان دومین اصل انقلاب و بلافاصله پس از اصل اصلاحات اراضی برای تصویب بملت ایران عرضه داشتم، و در تعقیب تصویب ملی، تصویبنامهٔ قانونی ملی شدن جنگلهای کشور در بیست وهفتم بهمن ماه ۱۳٤۱ بتصویب دولت رسید که بموجب آن از تاریخ صدور آن تصویبنامه کلیه جنگلها و مراتع و بیشه های طبیعی و اراضی جنگلی کشور جزء اموال عمومی منظور و متعلق بدولت محسوب میشد، ولو اینکه قبل از این تاریخ افرادی آنرا متصرف شده و سند مالکیت گرفته باشند. حفظ و احیاء و توسعه این منابع و بهره برداری از آن بعهده سازمان جنگلبانی ایران محول گردید.

طبق این قانون مقرر شد املاك اشخاصی که دارای سندمالکیت بنام جنگل هستند، یا از مراجع قضائی حکم قطعی دال بر مالکیت آن بنام جنگل صادرشده، یادارای حکم قطعی از هیئتهای رسیدگی املاك واگذاری بنام جنگل هستند، بقیمت عادلانه ای که درهمان قانون معین شده بود از ایشان بازخرید گردد. نظیر این تصمیم، در

همین قانون ، در مورد کسانی که مراتع مشجر در محدودهٔ اسناد مالکیت خود دارند ، یا بنام مرتع مشجر دارای سند مالکیت رسمی جداگانه ای هستند ، یا از مراجع قضائی یا هیئتهای رسیدگی املاك واگذاری حکم قطعی دال بر مالکیت آنها صادر شده ، اتخاذ گردید.

با وضع این قانون جنگلهای کشور بمالکیت ملی در آمد و بلافاصله طرحهای وسیعی برای حفظ و حراست و توسعه آنهاوایجاد جنگلهای مصنوعی تنظیم و بمورد اجرا گذاشته‌شد. درعین حال‌برای آنکه از تجاوز بجنگلها و مراتع وانهدام مناطق‌جنگلی جلوگیری‌شود گارد مسلح جنگلبانی مرکب از افسران و درجه داران‌ارتش وسربازان وظیفه مأموریت حفظ جنگلهای کشور را بعهده گرفت . در جنگلهای مناطق عشایری نیز عده ای از جنگل‌نشینان بنام راهنما های محلی استخدام شدند تا با جنگلبانان‌همکاری کنند .

بمنظور تکمیل اطلاعات و تجارب مربوط بجنگلبانی ، تعدادی مهندس و کمك مهندس بکشورهای خارجی اعزام شده‌اند. کادر فنی وزارت کشاورزی درین مورد هم اکنون در حدود ۱۵۰۰ کمك مهندس و جنگلبان‌تربیت شده دارد.

برای احیاء جنگلهای مخروبه ، تا بحال در ۵۶۰ قطعه از این جنگلها بمساحت ۱۸۰۰۰۰ هکتار قرق اعلام شده و برای تولید نهالهای مناسب احیای این جنگلها در ۲۶ نقطه کشور در حدود ۹ میلیون اصله نهال کاشته شده است.

از لحاظ فنی ، بهره برداری بروش سابق تا حد زیادی منسوخ شده و روشهای مدرن و مکانیزه جای آنهارا گرفته است.

بمنظور یکنواخت کردن روشهای بهره برداری از جنگل، تا کنون ۷۸ طرح جنگلداری در مساحتی بیش از ۲۱۰،۰۰۰ هکتار از جنگلهای شمال ایران تنظیم شده که ۴۸ طرح آن هم اکنون مورد اجراقرار گرفته است. با اجرای این طرحها فعلا میتوان کلیهٔ ما یحتاج کشور را که بالغ بر ۳۰۰۰،۰۰۰ متر مکعب درخت درسال است تأمین نمود. علاوه بر این سالانه ۲۰۰،۰۰۰ تن ذغال مورد مصرف کشور از طریق طرحهای جنگلداری در شمال تهیه و بتمام نقاط کشور حمل میشود. برای حفظ جنگلهای تنک حوزه‌های غربی وجنوبی ومرکزی کشور، تهیه ذغال از این جنگلها ممنوع شده وذغال مورد احتیاج اهالی این مناطق از محل طرحهای جنگلداری و مازاد جنگلهای شمال تهیه و تأمین میشود.

باید تذکر داد که در نیازمندیهای عمومی بمصرف ذغال، براثر توسعه روز افزون وسائل سوخت نفت درسالهای اخیر تقلیل فاحشی روی داده است واین موضوع به حفظ جنگلها تاحد زیادی کمک میکند.

علاوه بر مراقبت در حفظ جنگلهای طبیعی موجود، سازمان جنگلبانی از مدتی پیش دست بکار تهیه جنگلهای مصنوعی شده است، بطوریکه تا کنون در منطقه غرب تهران و در جاده‌های بین تهران و چالوس و تهران و رشت و حوزهٔ مازندران وحوزهٔ گرگان جنگل کاری مصنوعی شده و جنگلهای مصنوعی محدودتری نیز در خوزستان و کردستان و رضائیه ایجاد گردیده است. البته باید متذکر شوم که کارهائی که تا کنون درین مورد شده است بهیچوجه مراقانع نمیکند، زیرا آنچه میباید درآینده درین زمینه انجام گیرد بسیار وسیعتر وبیشتر از این است. انتظار من این است که بمحض آنکه امکانات فنی اجازه

دهد و مخصوصاً کادر متخصص لازم فراهم گردد ، تاآنجا که حقیقتاً قدرت بشر و ممکنات طبیعی و متأسفانه فرسایش زمین که عامل منفی مهمی در این مورد است اجازه دهد، چه از لحاظ اصلاح وضع جنگلهای طبیعی موجود و چه از راه ایجاد جنگلهای مصنوعی ، بقدری پیشرفت حاصل شود که دوباره جنگلهای مملکت ما کاملا احیاء شودورونق و خرمی گذشته ازین بابت بسرزمین ما بازگردد.

* * *

بموازات توضیحاتی که دربارهٔ جنگلهای ایران دادهشد ، لازم است در مورد مراتع ایران که آنها نیز بموجب اصول انقلاب ششم بهمن ملی اعلام شدهاند توضیح لازم داده شود.

از وسعت این مراتع هنوز آمار دقیقی در دست نیست ، ولی طبق برآوردهائی که شده تقریباً هشت میلیون هکتار مراتع خوب یا متوسط و در حدود ده میلیون هکتار مراتع مشجر جنگلی در کشور ما وجود دارد، و بقیه مراتع مخروبه یا منحط و یا اراضی نیمه بایری است که از آنها برای چرا بطور محدودی استفاده میشود.

بهترین مراتع ایران را طبعاً در نواحی دریای خزر و نیز در قسمتی از مناطق غربی و شمال غربی ایران میتوان یافت. مراتع سایر قسمتهای کشور غالباً ازگیاهانی پوشیده شده اند که برحسب گرمسیر بودن یا سردسیر بودن نواحی در فصول مختلف میرویند و چراگاههای موقتی بوجود میآورند وغالباً بعلت زیادی چرا بسرعت روبزوال میروند. غالب چراگاههای ایران در حال حاضر بعلت تأثیر آب وهوای خشک وبدی طرز استفادهای که ازآنها میشود دارای گیاهان خشن ونامرغوب هستند و آثار فرسایش در بسیاری از آنها دیده میشود. درعوض مراتع

کم وسعتی نیز در داخل بعضی از دره ها و اراضی پست یافت میشوند که از زیادی رطوبت بصورت مرداب درآمده اند.

باتوجه باینکه مراتع مرغوب ایران بیشتر در شمال ومغرب کشور یعنی در اطراف و دنباله رشته کوههای مرتفع البرز و زاگرس قرار گرفته اند ، دامداری ایران نیز بیشتر در این نقاط متمرکز شده و مراتع قشلاقی مهم از قبیل دشت سرخس و دشت گرگان و دشت مغان و مراتع زمستانی خوزستان و بختیاری درهمین نقاطواقع شده‌اند.

باید تذکر داد که از حیث ظرفیت مراتع ایران میتوانند تقریباً نصف خوراك دامهای موجود کشور را تأمین کنند، و بنابراین همواره بر این مراتع دوبرابر ظرفیت آنها برای چرا فشار وارد میآید. در نتیجه غالب آنها سریعاً روبانحطاط و زوال میروند ، و در عین حال دامهای موجود کشور نیز پیوسته نیم‌سیر ولاغرمیمانند ودرمعرض ابتلاء بانواع بیماریها قرار میگیرند.

تا قبل از ملی شدن مراتع ، بیشتر چراگاهها در مالکیتهای خصوصی بود و فقط مراتع محدودی تعلق بدولت داشت . در نتیجه دامداران‌مجبور بودند به‌تحمیلات گوناگون مالکین‌مراتع تن‌دردهند. درعین حال چون بر اثر مکانیزه شدن تدریجی کشاورزی وسعت این مراتع پیوسته در حال کاهش بود دامداران دچار مضیقه بیشتری‌شده و بناچار مراتع را با مال‌الاجاره زیادتر و بمدت محدودتری اجاره میکردند. گاه نیز اتفاق میافتاد که اشخاص متنفذ و متمکن مراتع خصوصی یاخالصه‌را اجاره کرده وبنوبه خودآنها را بدامداران کوچك و ضعیف بمبالغ بیشتری اجاره میدادند و در نتیجه‌دامداران نیز مجبور میشدند بطور غیر مستقیم این افزایش اجاره بها را ازمصرف‌کنندگان

دریافت دارند و قیمت محصولات دامی را مرتباً ترقی دهند. ازطرفی مالکین خصوصی گاهی مراتع طبیعی را بمیل خود مورد استفاده‌های دیگرقرارمیدادندو دامداران ناگزیر بچراگاه‌های دیگر هجوم‌میبردند وبالنتیجه این‌مراتع براثر چرای بیش ازحد ظرفیت رویزوال‌میگذاشتند. بطورکلی بهره برداری مستقیم و غیر مستقیم از مراتع طبیعی تابع منافع و سودجوئی عده محدودی بود که طبعاً فکرمنافع اجتماع‌جائی در محاسبات آنها نداشت.

با اعلام ملی‌شدن مراتع در سراسر کشور، این وضع نامطلوب برای همیشه از میان رفت. این تغییر انقلابی نه‌فقط منطبق بامصالح ملی ایران بود، بلکه اقدامی بود که درجهت موازین وتعالیم‌اسلامی صورت میگرفت. قبلا در بحث مربوط به نظام نوین آب در ایران بدین حدیث اشاره کردم که: «مسلمانان در آب و آتش وچراگاه شرکت عام دارند». اصولاً مطابق موازین فقه اسلامی جنگل ومرتع نمیتواند مورد مالکیت خصوصی‌قرارگیرد، زیرا اساس مالکیت‌زمین در اسلام کاری است که بر روی زمین انجام میگیرد، و بهمین‌جهت در صدر اسلام استفاده از مراتع حق همه مردم بود.

پس از ملی شدن این منبع ثروت طبیعی و خداداد کشور وکوتاه شدن دست مالکین متنفذی که هیچ زحمتی در این مورد نکشیده بودند، مراتع جهت چرا توسط سازمانهای مسئول دولتی مستقیماً در اختیار دامداران گذاشته‌شد و عوایدی که توسط‌مالکین بنام علف چر و حق‌المرتع و آب چر از دامداران دریافت میشدلغو گردید، وبا آزاد گذاردن چرا بطور رایگان در تحت شرائط ومقررات فنی ببالا رفتن سطح زندگی دامداران کمک مؤثری شد و در عین

حال از ترقی بیدلیل قیمت محصولات دامی جلوگیری بعمل آمد .
بعلاوه دامداران متوجه شدند که هر قدر اصول مرتع داری را بهتر رعایت کنند و بیشتر در حفظ مراتع بکوشند خود آنها ازین بابت بیشتر سود خواهند برد . از طرف دیگر با ملی شدن مراتع دست سازمان‌های مسئول در اقدامات عمرانی و ایجادتأسیسات وتجهیزات لازم از قبیل چاه و آبشخوار و پناهگاه بازشد ، وطرحهای لازم برای علوفه کاری بیشتر جهت تأمین خوراك دامها تنظیم گردید ، وبرای رفع کمبود خوراك دامی کوشش شد که امور دامپروری با کشاورزی تلفیق گردد .

درباره نوع دامداری ، باید گفت که متأسفانه تاچندی‌پیش روشهای معمول کشور ماهمان روشهای‌چندهزار سالۀ ییلاق و قشلاق و استفاده ساده وابتدائی ازطبیعت بود ، وفقط مدت کوتاهی است که کارهای اساسی ازقبیل مبارزه صحیح بابیماریهای دامی و وارد کردن نژادهای جدید و ساختن آغل و اصطبل برطبق اصول جدید فنی و استفاده بهتر ازمحصولات دامی‌آغازشده است. بااین وصف دامداری دردهات وبین عشایرکشور هنوز وضع گسترشی یعنی صورت پراکنده دارد و سرمایه گزاری و بهبود تکنیکی کار چنانکه‌باید مورد رعایت قرار نگرفته است . دامداران به اصلاح خوراك دامها کمتر توجه دارند و فقط در صدد افزایش تعداد دامهای خویش هستند. بعلاوه اصول صحیح مرتع داری کمتر رعایت میشود . ازطرف دیگر بعلت ازدیاد روز افزون ماشینهای کشاورزی پیوسته مراتع بیشتری تبدیل بمزارع وباغات میشوند . برای مواجهه بااین وضع میباید اولا درحفظ آنچه ازمراتع طبیعی باقی مانده کوشش کامل‌شود ، ثانیاً بلا فاصله طرحهای

کوتاه مدتی برای بهبود و احیای مراتع طبیعی بمورد اجرا گذاشته شوند ، ثالثاً طرحهای طویل المدتی جهت بهبود اساسی وضع مراتع و دامداری تنظیم وعملی گردند که در نتیجه اجرای آنها ، علاوه برچرای دامها درمراتع طبیعی باندازه‌ای که باظرفیت این مراتع تطبیق کند در توسعه زراعت علوفه اقدام شود و بجای اینکه دام بچرا برود حتی المقدور خوراک در داخل اصطبل برای آن فراهم آید ، وطبعاً دراین صورت میبایدسعی شود که مواد این خوراک از لحاظ شیمیائی و تأمین احتیاج بدنی و تقویت دام بهترین ترکیب را داشته باشد.

بطورکلی اصول طرحهای کوتاه مدت وطویل المدتی که برای بهبود وضع مراتع و پیشرفت فن دامداری تنظیم واجرا میشود، میباید عبارت باشداز :جلوگیری از چرای زیاده از ظرفیت دامهادر مراتع و ایجاد موازنه بین تعداد دامهای موجودو میزان بازده چراگاهها، تأمین کسری و کمبود خوراک دامها از طریق توسعه علوفه کاری وتعلیم طرز استفاده از سایر موادخوراکی بکشاورزان و دامداران، کشت نباتات مقاوم در مقابل عوامل نامساعد طبیعی درداخل مراتع، بذر افشانی دیم درمراتع، تلفیق دامداری با کشاورزی، متشکل ساختن دامداران در واحدها وشرکتهای بزرگ با سرمایه کافی برای اینکه بتوانند اقدامات عمرانی را مستقلا طبق اصول فنی جدید وبا اسلوب صحیح مرتع داری اجرا کنند، افزایش میزان تهیه و تولید انواع دیگر گوشت بمنظور کاستن ازمیزان احتیاج بگوشت گوسفند، تبدیل نژادهای فعلی بنژاد های مرغوب واصیل ، تربیت کادر کافی متخصص و مطلع درامر دامداری ، بالا بردن سطح اطلاع فنی دامداران وکشاورزان علوفه کار.

برای آنکه برنامه های مربوط به بهبود وضع مراتع و دامداری ببهترین صورتی طرح و اجرا شوند ، لازم است از یکطرف کلیه مقررات و قوانین موجود که بنحوی از انحاء مربوط به مراتع میشوند هماهنگ و یکپارچه شوند، ثانیاً مقررات جامعی جهت حفاظت مراتع و بهره برداری کامل وصحیح از آنها وضع گردند و در صورت لزوم سازمانی بنام سازمان مراتع بوجود آید که وظیفه آن منحصراً حفظ و بهره برداری و اصلاح مراتع کشور و پیشرفت امور دامداری مملکت باشد.

بدیهی است در این راه میباید باعوامل مختلفی مبارزه شود که مهمترین آنها عبارتند از: عدم آشنائی غالب دامداران و عشایر با اصول جدید دامداری و پائین بودن سطح فرهنگ وسواد در نزد آنها، بی اطلاعی بسیاری از کشاورزان از امر کشت صحیح نباتات علوفه ای و برقراری تناوب در زراعات بوسیله داخل کردن نباتات علوفه ای در گردش زراعی، کمی آب مشروب برای دامها، قلت کادر متخصص فنی ، کافی نبودن تعداد مراکز و ایستگاههای مطالعاتی و آزمایشی و تعلیمی. ولی تردیدی نیست که همهٔ این مشکلات که حاصل وضع نامطلوب گذشته است، هم آهنگ با اصلاحات و تحولات فنی که در کلیهٔ رشته ها در جریان است تدریجاً برطرف خواهد شد، واکنون که مراتع کشور صورت ملی یافته اند، سازمانهای صلاحیتدار دولتی برنامه های خود را در مورد اصلاح و بهبود وضع آنها با آخرین اصول فنی دنیای مترقی تطبیق خواهند داد، و مسلماً درین راه کمک و همکاری خود مردم بهترین ضامن توفیق آنها خواهد بود.

۳

فروش سهام کارخانه‌های دولتی بعنوان پشتوانه اصلاحات ارضی

فروش سهام کارخانجات دولتی بعنوان پشتوانهٔ اصلاحات ارضی، سومین اصل از اصول ششگانه‌ای بود که در ششم بهمنماه ۱۳٤۱ بمعرض مراجعه بآراء عمومی گذاشته‌شد و مورد تصویب ملی قرارگرفت.

این اصل درواقع مکمل اصل اول یعنی اصلاحات ارضی‌بود، و منظور اساسی از آن این بود که‌قسمتی از اعتبارات لازم جهت اجرای قانون اصلاحات ارضی تأمین گردد. ولی درعین حال چندین نتیجه دیگر از آن مورد نظر بود که هر یک از آنها چه از نظر اقتصادی و چه از لحاظ اجتماعی اهمیت خاص دارد.

طبق قانون فروش سهام کارخانه‌های دولتی بعنوان پشتوانه اصلاحات ارضی، ۵۵ کارخانه دولتی‌که در اختیار وزارت اقتصاد بود و ازکارخانه‌های صنایع قند، صنایع نساجی، صنایع مصالح ساختمانی، صنایع پنبه و نوغان، صنایع شیمیائی و مواد غذائی تشکیل میشد بصورت سهامی درآمد و سهام این کارخانه‌ها پشتوانه امر اصلاحات ارضی قرارگرفت. با انتشار این سهام، به مالکانی که املاک آنها طبق قانون اصلاحات ارضی بفروش میرسید امکان آن

داده شد که سرمایه‌های خود را با خرید سهام این کارخانه‌ها در کارهای تولیدی و صنعتی بکار اندازند، و از این‌طریق این سرمایه‌ها بجای آنکه راکد بمانند یا احیاناً مورد معاملات غیر سالم قرارگیرند در امور تولیدی مورد استفاده واقع شوند.

هدف دیگر این بود که با فروش کارخانه‌های دولتی این کارخانه‌ها بصورت شرکت سهامی اداره شوند و ازاین راه مردم در کارهای تولیدی و اقتصادی دخالت بیشتری داشته باشند، و این خود از مفاهیم اساسی اصول انقلاب بود.

برای تأمین این منظورشرکتی بنام« شرکت سهامی کارخانه‌های دولتی» ازمجموع کارخانه‌هائی که بصورت شرکتهای سهامی درآمده بود تأسیس گردید که از سرمایه آن ۴۳ درصد مربوط بکارخانه‌های قند، ۳۸ درصد مربوط به کارخانه‌های نساجی، ۹ درصد مربوط بکارخانه‌های پنبه و نوغان، ۷ درصد مربوط بکارخانه‌های مصالح ساختمانی و۳ درصد مربوط بکارخانه‌های شیمیائی وموادغذائی است. قیمت کل این کارخانه‌ها ۷۷۰۰ میلیون ریال است که به ۱۵۴،۰۰۰ سهم پنجاه هزار ریالی تقسیم شده است. سود این کارخانه‌ها از طرف بانک کشاورزی ایران بنمایندگی دولت حد اقل بمیزان صدی شش درسال تضمین شده است.

شرکت سهامی کارخانه‌های ایران‌از بدو تأسیس خود موفق شده‌است با همکاری سازمان برنامه قدمهای مهمی در راه تکمیل و توسعهٔ این کارخانه‌ها بردارد. در نتیجهٔ این‌اقدامات محصول قند و شکر یازده کارخانه‌قند دولتی‌درسال از ۸۰،۰۰۰ تن به ۱۴۰،۰۰۰ تن افزایش یافته است. برای بهبودو توسعهٔ فرآورده‌های کارخانه‌های

نساجی متعلق باین شرکت که سرمایهٔ آنها دومیلیارد ریال وتعداد کارگران و کارمندانشان بیش از ۷۰۰۰ نفر است طرح پنجساله‌ای تهیه شده که با اجرای آن سود قابل توجهی بصاحبان سهام تعلق خواهد گرفت. همچنین در امر توسعهٔ فعالیت کارخانه‌های صنایع پنبه، صنایع نوغان، صنایع شیمیائی و مواد غذائی و صنایع مصالح ساختمانی، برنامه‌های خاصی با مطالعات لازم تهیه و بمورد اجرا گذاشته شده است.

توجه باین رشته از صنایع، در واقع جزئی از طرح وسیعی است که بر اساس صنعتی شدن مملکت در مورد توسعهٔ کلیه صنایع موجود و ایجاد صنایع جدید د. دست اجرا است.

برای تسریع این توسعهٔ صنعتی، دولت وظیفه خود را ازدو طریق انجام میدهد: یکی از راه ایجاد صنایع در بخش عمومی، دیگری بوسیله ایجاد یک محیط مساعد برای سرمایه گذاری خصوصی و حمایت و تشویق آن. در مواردی نیز بمنظور جلوگیری از انحصار وتعدیل قیمتها وبهبود کیفیت کالا، دولت دوشادوش صنایع خصوصی بفعالیت صنعتی مبادرت میکند.

درمناطق دور و عقب‌افتاده کشور که ممکن است سرمایه گزاری در آنها از نظر خصوصی جالب نباشد، دولت موظف است در توسعهٔ صنایعی که بتواند از منابع محلی استفاده کرده وموجب ازدیاد فعالیت اقتصادی و بالا بردن سطح درآمد در آن ناحیه شود اقدام نماید.

بهره برداری از همه فعالیت‌های صنعتی در درجه اول مستلزم ساختن زیربنای اقتصادی واجتماعی استواری است که مهمترین اصول آن توسعهٔ منظم راههاو بنادر و وسائل مخابراتی و ارتباطی وهمچنین

تربیت کادرهای مجهز فنی و انجام مطالعات و تحقیقات وسیع صنعتی است. علاوه بر این اقدامات دیگری بمنظور حمایت و تشویق سرمایه گزاری برای توسعهٔ صنعتی از طرف دولت لازم است که اصول آنها حمایتهای گمرکی و معافیتهای مالیاتی و پرداخت وامهای صنعتی با شرایط آسان وکمک بصادرکنندگان و تضمین سرمایه‌های خارجی است.

بمنظور تجهیز حد اکثر منابع کشور برای تسریع توسعه اقتصادی و صنعتی، نقش مهمی بعهده سرمایه گزاریها و فعالیتهای خصوصی محول شده است. برای توسعه صنایع که بمنظور تسریع رشد اقتصادی کشور مفید و ضروری تشخیص داده میشوند، دولت کمال علاقه را دارد که سرمایه داران خصوصی اقدام بایجاد این صنایع بنمایند، لیکن اگر بعلت عدم تکافوی منابع مالی یا عدم تحصیل میزان سود کافی و یا بجهات دیگر سرمایه گزاران خصوصی پیشقدم برای ایجاد این صنایع نشوند دولت رأساً در تأسیس صنایع مورد نظر اقدام میکند.

در توسعه صنعتی از راه سرمایه گزاریهای خصوصی، هدف این است که نه تنها سرمایه‌های بزرگ خصوصی بلکه پس‌اندازها و سرمایه‌های کوچک افراد نیز که مجموع آنها رقم قابل ملاحظه‌ای را تشکیل میدهند بکار انداخته شوند.

اقدامات مربوط بایجاد بورس و تشویق تأسیس شرکتهای سهامی بیشتر بهمین منظور صورت میگیرد. بدین ترتیب سعی میشود که کلیه طبقات کشور اعم از سرمایه‌دار و کارگر و کشاورز و معلم و کارمند اداری و غیره، هریک در صورت تمایل سهمی در توسعهٔ صنعتی و نتایج حاصله از آن داشته باشند تا پیشرفت صنعت و ضع

طبقات متوسط اجتماع را بالاتر برده و باعث ایجاد محیط اجتماعی سالمتر و افزایش ثبات آن گردد.

علاوه بر استفاده از منابع خصوصی داخلی، ما دارای یک سیاست تشویقی نسبت بسرمایه گزاری خارجی هستیم، و در رشته هائی که ایجاد یک صنعت احتیاج بسرمایه بزرگ و تجربه واطلاعات فنی زیاد و دسترسی به بازارهای خارجی داشته باشدو تأمین آنها بوسیله عوامل داخلی ممکن نباشد بسرمایه گزاران خارجی اجازه میدهیم که درکشور ما بامشارکت با سرمایه خصوصی و یا دولتی بفعالیت صنعتی بپردازند، ودرضمن تضمین لازم برای بازگرداندن سرمایه و سود حاصله از آن بخارج ازکشور بدین سرمایه گزاران میدهیم.

برای اینکه برنامه های دولت درمورد توسعه صنعتی کشوربخوبی انجام پذیرد، درنظراست سازمان مجهز وباقدرتی برای گسترش ونوسازی صنایع بوجودآید که عهده‌دار تأسیس و اداره واحدهای صنعتی جدید شده و در عین حال در اداره صنایع پراکنده موجود دولتی که هنوز بصورت شرکتهای سهامی در نیامده‌اند نظارت صحیح بنماید. این سازمان موظف است اقدامات لازم را بمنظور رفع یک مشکل بزرگ صنایع موجود یعنی ضعف مدیریت صنعتی بعمل آورد و همچنین کادر فنی واحدهای صنعتی را تقویت کند وتحقیقات صنعتی را تشویق نماید.

همچنین این سازمان وظیفه دارد گروه‌های مشابهی از صنایع اساسی را که درآینده بوسیلهٔ دولت ایجاد خواهد شد حتی‌المقدور دریک ناحیه ازکشور متمرکز نماید تا قطبهای تخصصی صنعتی درنقاط مناسب مملکت بوجود آید و بدین ترتیب اجرای برنامه های عمران منطقه‌ای تسهیل گردد. این سازمان درعین حال مسئول ادارهٔ

صنایعی خواهد شد که در حال حاضر در دستگاههای مختلف دولتی پراکنده هستند ، و اقدامات لازم را بمنظور رفع نواقص فنی و تقویت مدیریت و تعلیم کادر تخصصی نه تنها برای واحد های خود بلکه برای واحدهای بخش خصوصی صنایع نیز بعمل خواهد آورد.

این سازمان در طرزکار و اتخاذ تصمیم آزادی عمل خواهد داشت و مانند شرکتهای خصوصی بر اساس قانون تجارت عمل خواهد کرد. انتظار میرود که سازمان مذکور بتدریج باافزایش بهره‌وری و سودآوری واحدهای خود مردم را علاقمند بخرید سهام این واحدها بنماید و در پاره‌ای ازموارد حتی ممکن است باتضمین سود سهام واحد یا انتشار اوراق قرضهٔ تضمین شده برای تجهیز پس‌اندازهای مردم و سرمایه گزاری آنها در صنایع اقدام نماید.

براین اساس انتظار میرود که سازمان گسترش ونوسازی صنایع ایران عامل اساسی و مهمی درجهش اقتصادی وصنعتی کشور شده ونظم نوینی درتأسیس و اداره صنایع بزرگ بوجود آورد، ودرعین‌حال سعی کند عامه مردم را در فعالیتهای وسیع صنعتی کشور شریک کند تامنافعی که از این فعالیتها حاصل میشود بین عده زیادتری از مردم که صاحبان پس‌اندازهای کوچکی هستند پخش گردد.

۴

سهیم شدن کارگران در سود کارگاهها

تاریخ کار و کارگری یکی از تلخ ترین و شاید غم‌انگیزترین فصول تاریخ بشری است. طی قرون متمادی ، آنقدر حقوق کارگران مورد تخطی و تجاوز قرار گرفته ، آنقدر دسترنج ایشان استثمار شده و آنقدر این طبقه زحمتکش و شریف بانواع مختلف قربانی داده است که ترازنامهٔ آن واقعاً برای وجدان بشری امروز بسیار ناراحت کننده است ، و ما باید خداوند را از اینکه در عصری زندگی میکنیم که این وضع جای خود را در غالب نقاط جهان در درجات و حدود مختلف به احترام و رعایت حقوق طبقهٔ کارگر داده‌است ، سپاسگزار باشیم.

بطور کلی تقریباً همهٔ امپراتوریهای بزرگ گذشته جهان در مورد فشار بر طبقهٔ کارگر هماهنگ بوده‌اند. معهذا باید منصفانه گفت که در کشورهای بزرگ باستانی ازین حیث تفاوت فاحشی وجود داشته است که در بارهٔ آن قضاوت تاریخ بنفع کشور ما است ، زیرا اسنادی که در دست است نشان میدهد که رفتاری که در ایران قدیم با کارگران معمول بوده از لحاظ انسانی با رفتاری که در جوامع باستانی مصر و آشور و چین و غیره با طبقهٔ کارگر میشده قابل مقایسه نبوده است.

تقریباً در تمام این کشورها ، کارهای بزرگ ساختمانی که بامر سلاطین وقت صورت میگرفته جنبهٔ بیگاری یعنی کار اجباری و بیمزد داشته است. در بارهٔ بزرگترین اثر ساختمانی عصر باستانی یعنی اهرام مصر اطلاعات دقیقی توسط هرودوت بما داده شده است. این مورخ که خود در قرن پنجم پیش از میلاد این اهرام را از نزدیک دیده‌است ، مینویسد که برای ساختن هرم بزرگ مصر یکصد هزار کارگر مدت بیست سال تمام مشغول کار بودند ، و درین مدت این عده تنها با نیروی بدنی خود دو میلیون قطعه سنگ تراشیده‌را که حجم کلی آنها بمقیاس امروزی ۲٫۵۰۰٫۰۰۰ مترمکعب بوده‌است از سطح زمین تا بارتفاع قریب ۱۵۰ متر روی هم‌سوار کردند . بالا بردن ونصب هریک ازین قطعات که بطور متوسط دوتن وزن داشته، مستلزم کار بدنی طاقت فرسای سی نفر در مدت دو روز بوده است.

همهٔ کارگران اهرام از میان مردان قوی هیکل مصر انتخاب و بصورت اجباری و براساس بیگاری بکار گماشته میشدند. ازین افراد تقریباً هیچکدام جان سالم بدر نبردند : برخی در زیرسنگهای عظیم خرد شدند ، عده‌ای از ضربات شلاق نگاهبانان جان سپردند و بقیه نیز قربانی سنگینی کار شدند تا هرم بزرگ مصر ساخته شد ، و با خاطرهٔ همین بیگاریهای پرمشقت و غیر انسانی بود که سلاطین سازندهٔ اهرام از طرف مصریان‌فراعنهٔ جابر لقب گرفتند.

در این سوی دیگر دنیا ، یعنی در امپراتوری چین ، تاریخ شاهد تکرار این ماجرا بصورتی بازهم غیر انسانی تر و در مقیاسی وسیعتر بود . تقریباً مقارن با اواخر دوران هخامنشی بود که درآن کشور ساختمان دیوار معروف چین آغاز شد.. این دیوار رویهم

۳۶۰۰ کیلومتر طول داشت و بطور متوسط پهنای آن دومتر و ارتفاعش بین هفت و هشت متر بود. برای ساختن این دیوار عظیم بامرخاقان چین نه‌تنها روستائیان جوان ازسراسر کشور به بیگاری گرفته شدند، بلکه عده‌ای از کارمندان دولت و بعد تمام زندانیان کشوروبالاخره صنعتگران و هنرمندان بکار اجباری خوانده شدند. در تمام مدت بنای دیوار دسته‌دسته ازکارگران از پای درافتادند ودر داخل دیوار دفن شدندوبعنوان مصالح بنابکاررفتند. مورخین دراین باره‌همداستانند که تعداد این قربانیان حد اقل به ۴۰۰،۰۰۰ نفر رسید.

ولی درهمان ادوار، ما درایران شاهد مقررات کارگری بسیار انسانی تری هستیم که جزئیات آن توسط الواح مکشوفه در تخت‌جمشید هم اکنون دراختیارماست. این الواح که تعداد آنها تقریباً ۳۰،۰۰۰ است درکاوشهائی که در حدود سی‌سال پیش توسط هیئتهای علمی امریکائی و آلمانی وایرانی درتخت جمشید صورت گرفت‌بدست‌آمد، و هنوز هم قرائت بسیاری ازآنها پایان نیافته است. درین باره تاکنون چند اثر تحقیقی خوب توسط اریک اشمیت و جرج کامرون دانشمندان ایران شناس امریکائی بچاپ رسیده است.

از میان آن الواحی که تاکنون خوانده و ترجمه شده، درحدود ۱۸۰ لوحه مربوط بتشکیلات کارگری زمان هخامنشی‌است که‌مندرجات آنها اطلاعات جالبی در باره تقسیم کار،مزد کارگران، مقررات مربوط بکارگران خارجی، تساوی مزد زنان و مردان کارگر و مقدار عایدات آنها بدست ما میدهد. ازاین اطلاعات معلوم میشود که‌اولا درساختن بنای معظم تخت جمشید و طبعاً سایر ابنیه سلطنتی و دولتی ایران کارگران بصورت بیگاری وکار اجباری بکارگماشته نشده‌اند، بلکه

بکلیه آنها مزد پرداخته شده و این پرداختها نیز تابع اصول و مقررات روشن و منظمی بوده‌است. ثانیاً میزان اجرت بر اساس نوع و ارزش کار تعیین میشده و دراین مورد بین زن ومرد کارگر تفاوت محسوسی وجود نداشته، بطوریکه گاه مزد یک زن متخصص سه یا چهار برابر مزد یک کارگر ساده مرد بوده است. این موضوع مخصوصاً از لوحه ای که مربوط به نهمین سال پادشاهی خشایارشا است ودر آن وضع کار ومزد ۲۷ کارگر مرد، ۲۷ کارگر زن و ۲۳ دختر کارگر ثبت شده بخوبی مشهود است.

این نکته نیز جالب‌است که اصولا طبقه بندی مشاغل بر اساسی که امروزه‌نیزدرجوامع مترقی‌معمول‌است دراینجا مورد نظربوده، بطوریکه بعضی از کارمندان دفتری که‌طبعاً افراد باسواد وممتازی بوده‌اند کمتر از کارگران متخصص مانند سنگتراشان و زرگران حقوق دریافت میداشته‌اند. کارگران‌مجاز بوده‌اند که حقوق‌خودرا بطورنقدی‌یاجنسی ویا قسمتی نقد وقسمتی بطور جنسی دریافت دارند.

الواح مکشوفه تخت جمشید از یک رسم دیگر نیزحکایت‌میکند که نشان میدهد پیشرفت کار بخصوص بر اساس تشویق ونه براصل تحمیل و اجبار تکیه داشته است، وآن پاداشهائی است که در مقابل کار زیادتر از وظیفه یاانجام کارهای‌شایسته وخاص داده‌میشده‌است.

رمان گیرشمن دانشمند فرانسوی که قسمت مهمی از عمر خودرا در تتبع و مطالعه در تاریخ و باستانشناسی ایران صرف کرده، درین باره مینویسد: «... محققاًنباید توقع داشت که درایران آن‌روز قوانین مدونی در مورد کارگران وجود داشته باشد، امانشانه های مشخصی از اقدامات مربوط بکارگران دردست ما است ومیتوان بطور

کلی گفت که دولت‌وقت بطبقه کارگر علاقمند بوده وتاآنجا که اصول آن‌عهداجازه‌میداده نوع کار ومزدافراد این‌طبقه‌راتنظیم‌میکرده‌است.»

از وضع کارگران ایرانی در دوره‌های‌اشکانی وساسانی اطلاع زیادی دردست نیست،ولی میدانیم که در زمان ساسانیان‌اداره‌ای برای رسیدگی بوضع کارگران وجود داشته که عنوان رئیس آنرا در عصر اسلامی «محتسب» ترجمه کرده‌اند،و بهمین جهت درحکومت‌اسلامی‌نیز یکی ازوظائف محتسب رسیدگی بشکایات کارگران بوده است.

اسلام، بمقتضای روح و مفهوم عدالت طلبی خویش طبعاً طرفدار تأمین حقوق حقه کارگران بود. نمونه‌ای از این توجه رادراین جمله از نهج‌البلاغه حضرت‌علی علیه‌السلام میتوان‌یافت که:«کسانی که با بازوی خود کار میکنند و از راه عرق جبین امرار معاش مینمایندبگردن همه مردم حق دارند. لاجرم باید بدانان مزد عادلانه داده شود و کسی زحمتشان را بهدر ندهد».

درباره وضع کارگران و پیشه وران در دوره‌های اسلامی ایران بخصوص دوران صفوی، جهانگردان خارجی اطلاعات‌نسبتاً جامعی در دسترس ما گذاشته اند که در این جا فرصت نقل آنها نیست. ولی هیچکدام ازین اطلاعات از توجه‌خاص بتأمین‌حقوق کارگران حکایت نمیکند. این‌وضع نه‌تنهادر ایران بلکه‌درجوامع مترقی غرب‌کم وبیش در همان زمان وجود داشته است. حتی در آغاز قرن نوزدهم، در گزارشی که توسط دکتر گراپن عالم اقتصاد فرانسوی در بارهٔ وضع کارگران دراروپای‌آن زمان‌تهیه‌شده چنین‌میخوانیم:«بکارگرد‌ر ازای کارش جز حاصلی نا چیز داده نمیشود، بطوریکه زیستن برای اوغالباً فقط مفهوم نمردن را دارد. دستمزدش رضایت بخش وکافی نیست.

غذایش مرکب ازنان وسیب زمینی است،وباچنین غذای محقری نا گزیر است لااقل پانزده ساعت درروز کار کند. حتی اطفال شش تا هشت ساله بکارهای سنگینی ازقبیل مراقبت از ماشینها گماشته میشوند و غالباً پانزده ساعت وحتی بیشتر در محیطی نا سالم وادار به بیحرکتی مستمری میشوند که با طبیعت اطفال مخالف است.»

در آن هنگام در بسیاری از کشورهای جهان اصولا قوانینی برای حقوق کارگران وجود نداشت،ولی در آن کشورهائی هم که چنین قوانینی وجود داشت، یعنی در کشورهای مترقی اروپا،غالباً این قوانین باری از دوش طبقه کارگر برنمیداشت،و ازاین جا بود که ناراحتیها وتظاهرات وطغیانهای کارگری روز بروز توسعه یافت وجنبشهای سندیکائی آغاز شد. بدیهی است با توسعهٔ روز افزون ماشینیسم، هم موقعیت و اهمیت طبقهٔ کارگر بیشتر شد و هم وضع قوانین و مقرراتی که بتواند منافع حقهٔ این طبقه را تضمین کند ضرورت کاملتری پیدا کرد.درعین حال مسائل کارگری از صورت ملی بیرون آمد و تدریجاً جنبهٔ بین المللی یافت، چنانکه در سال ۱۸۶۲ اولین شرکت اجتماعی بین المللی کارگری در لندن تشکیل شد.

در آن موقع رژیم اقتصادی قرن نوزدهم که صرفاً براساس نفع شخصی وعدم توجه بمقتضیات اجتماعی استوار بود موجب بروز عدم تعادل بارزی درعواید کارفرمایان شده بود. عقائد و نظریات اقتصادی علمای کلاسیک نیز چندان بنفع کارگران نبود و تئوریهائی که از طرف آنان در بارهٔ مزد و بهرهٔ کار ابراز میشد ترفیه حال کارگر را در برنداشت، درصورتیکه با پیدایش صنایع جدید و مؤسسات بزرگ صنعتی، کارگران روز بروز توقعات بیشتری از کارفرمایان داشتند که بانقش حساس ومؤثر

آنها در بکار انداختن چرخ این مؤسسات وافزایش درآمد برای کارفرمایان تناسب داشته باشد.

براین اساس بود که تدریجاً طرحهای مختلفی برای بهبود وضع کارگران پیشنهاد و عرضه‌شد که یکی از آنها شرکت کارگران درمنافع کارگاهها بود. ولی میتوان گفت که باوجودی که از نخستین مرحلهٔ طرح این نظریه درحدود یک‌قرن و نیم میگذرد، هیچ موقع ودر هیچ جا این طرح بدان صورت‌قاطع و عمومی که پس از ششم بهمن‌ماه ۱۳٤۱ در کشور ما بمورد اجرا درآمد اجرا نشده است.

بدیهی‌است سازمانهای بزرگ کارگری همواره‌طرفدار وهواخواه اشتراک کارگران درمنافع کارگاهها بوده‌اند، بطوریکه درسال ۱۸۸۹ اصولا یک کنگره‌بین‌المللی‌درین‌باره در پاریس وبعدهم کنگره‌مشابهی در امریکا تشکیل شد.

در برخی ازکشورهای بزرگ صنعتی ، این طرحها درمؤسسات معینی‌داوطلبانه بمورداجرا گذاشته شده‌است. ولی‌بنظرمااین کار، چه‌از نظر اقتصاد ملی و چه مخصوصاً ازلحاظ تعمیم‌عدالت اجتماعی، مهمتر و اساسی‌تر ازآن‌است که‌مدیران یک شرکت یا کارخانه فقط‌بنا‌بتمایل خود آنرا بصورتی کم یا بیش محدود عملی سازند ، و اصولا اجرای چنین طرحی در چندکارگاه و عدم اجرای آن در سایرکارگاههای یک کشور خود تبعیضی است که با مفهوم واقعی عدالت سازگار نیست.

اگرصرفاً سوابق این امررا ازنظرعلاقه خصوصی رؤسای کارگاهها باجرای آن مورد نظر قرار بدهیم ، میتوانیم بگوئیم که در ایران نیز چنین فکری بکلی ناماًنوس نبوده، منتها همیشه صورتی ساده وابتدائی داشته و صرفاً مبتنی بر روح خیر خواهی شخصی یا اعتقادات مذهبی کارفرمایان بوده است. مثلا برخی از کارفرمایان کارگاههای کوچک در اعیاد مذهبی غدیر یا فطر ویا در عید نوروز بصورت دستلاف کمکهای نقدی بکارگران میکردند ویا هنگام ازدواج کارگران خود یا تولد فرزندان آنها بدیشان داوطلبانه انعام میدادند. ولی بدیهی است که این نوع کارهای خیرخواهانه و شخصی را نمیتوان علامت یک اقدام مملکتی بنفع طبقه کارگر محسوب داشت.

از لحاظ قوانین مختلف کار برای تأمین حقوق کارگران ، باید گفت که چنین قوانینی از مدتی قبل در ایران وجود داشته است . در سال ۱۳۲۳ بدین منظور اداره مستقلی بنام اداره کل کار برای رسیدگی بشکایات کارگران و رفع اختلافات آنها با کارفرمایان تأسیس شد که بعداً توسعه یافت و بصورت وزارت کار و تبلیغات و سپس بصورت وزارت کار درآمد و اکنون تبدیل به وزارت کار وامور اجتماعی شده است. شورائی نیز بنام شورای عالی کار و اقتصاد در سال ۱۳۲۳ ایجاد شد که نخستین قانون کار در اردیبهشت ماه ۱۳۲۰ توسط آن وضع گردید. از مشخصات این قانون تقلیل ساعات کار روزانه به هشت ساعت در روز یا چهل وهشت ساعت در هفته بود، زیرا تا قبل از تدوین این قانون هیچگونه مقرراتی درین مورد وجود نداشت.

در همین قانون مرخصی هفتگی و تعطیلات سالانه با استفاده از حقوق برای کارگران در نظر گرفته‌شده و کار اطفال کمتر از دوازده سال و کارشبانه برای زنان ودختران واطفال کمتر ازشانزده‌سال ممنوع شده بود. دربارهٔ دستمزد کارگران مقرر شده بود که حد اقل دستمزد کارگر باقتضای نقاط مختلف کشور باید طوری باشد که زندگی او و عائله‌اش را تأمین کند، و در نظر گرفته شده‌بود که میزان حداقل دستمزد در نقاط مختلف کشور در آغاز هرسال توسط هیئت وزیران برای مدت یکسال تعیین وبا تصویب شورای عالی کار بمورد اجرا گذاشته شود.

متأسفانه در عمل این قانون بسبب نداشتن ضمانت اجرای لازم مورد اجرا قرار نگرفت ونتوانست در رفع مشکلات موجود مؤثر گردد. در نتیجه در سال ۱۳۲۷ قانون دیگری توسط دولت تهیه و تقدیم مجلس شد که با تغییراتی بتصویب رسید. دراین قانون تشکیل صندوقی بنام صندوق تعاون و بیمه کارگران جهت معالجهٔ کارگران بیمار یا آسیب‌دیده ویا پرداخت غرامت بدانها پیش بینی‌شده بود که‌میبایست سرمایه آن از طریق کمک کارگران و کارفرمایان تأمین شود. با این که این قانون رأساً نسبت بقوانین گذشته مزایائی داشت، ولی‌نداشتن ضمانت اجرای کافی و عدم تعیین مجازاتهای جزائی لازم برای متخلفین ازمقررات آن، باعث‌شد که این قانون نیز پاسخگوی احتیاجات کارگران نبوده و نتواند مشکلات واقعی آنهارا حل کند.

بالاخره در سال ۱۳۳۷ لایحه قانونی دیگری که با همکاری وزارت کار و سازمان برنامه و اطاق بازرگانی و سندیکاهای مهم

کارگری و مؤسسات صنعتی و نماینده دفتر بین المللی کارتدوین شده بود بمجلسین ایران تقدیم گردید و در فروردین سال بعد بصورت قانون درآمد.

با تمام اینها هنوز مسئله اصلی و اساسی حل نشده بود، یعنی با همهٔ اقداماتی که بنفع کارگر در نظر گرفته شده بود هنوز کارگر نمیتوانست احساس کند که وجود او و قدرت بازوی او مورد استفاده استثماری نیست، و وی در جائیکه کارمیکند فقط جنبه یک مزدور ساده را ندارد. این احساس تنهاموقعی میتوانست برای او حاصل شود که بداند او در کاری که انجام میدهد سهمی دارد. چنین شرکتی نه فقط از لحاظ مادی برای او مهم بود، بلکه بخصوص ازین نظر اهمیت داشت که وی واقعاً احساس کند که به شخصیت او وبکار و زحمت او احترام گذاشته شده‌است و میشود.

در همان سال که قانون تازه کار بمجلسین داده شده‌بود، در یکی ازمصاحبه های مطبوعاتی‌خود گفتم: «همچنانکه رعایارا صاحب زمین میکنیم تا احساس نمایند که‌از این مملکت مستقیماً سهمی‌دارند و با چنین احساسی خودرا در حفظ این آب و خاك مسئول بدانند، باید در مورد کارگران کشور نیز کاری کنیم که همین حس در آنها نسبت بکارخانه‌ای که درآن کار میکنند ایجاد شود.»

باید گفت که از نظر مصالح اقتصادی مملکت‌نیز این موضوع برای ما اهمیت داشت، زیرا چنانکه قبلا گفته شد کشور ما برای ترقی و پیشرفت کامل خویش باید بصورت یک کشور صنعتی درآید، وبنابراین هرقدر کارگر ایرانی بکار خود علاقه بیشتری داشته باشد

وبا کوشش ودلسوزی زیادتری کارکند و دارای تخصص فنی کاملتری باشد طبعاً بازده صنعتی کار او بالاتر خواهد رفت . علیهذا مسئله شریک کردن کارگران در منافع کارگاهها چه از نظر اقتصاد کشور، چه ازلحاظ تأمین منافع بیشتری برای این طبقه زحمتکش و شرافتمند، و چه بمنظور دادن حیثیت و شخصیت معنوی و اجتماعی زیادتری بدانها ، امری بود که نه تنها مفید بلکه لازم بود .

روز اول که این موضوع را مطرح ساختم عده ای اظهار نگرانی کردند و گفتند اگر چنین نظری تحقق یابد دیگر چطور سرمایه گزار جرئت بکند و تشویق بشود که سرمایه گزاری بکند ، زیرا کارگر در صورت سهیم شدن در سود کارخانه طبعاً در کارها اظهار نظر خواهد کرد و طرز کار کارخانه و سیستم کار بکلی بهم خواهد خورد . شاید آنروز این عده واقعاً ازین بابت نگران بودند ، ولی همانها امروز نه فقط اعتراضی نمیکنند ، بلکه با توجه بنتایج حاصله معترفند که ازین راه بمراتب فرآورده های کارخانه ها بالاتر رفته و ضایعات آنها کمتر شده است ، و در عین آنکه کارگر استفاده بیشتری میبرد کارفرما نیز زیان نمیکند؛ ونه تنها زیان نمیکند ، بلکه محیط کار بسیار بهتری برای او فراهم میشود ، زیرا امروزه هر کارفرما باید بداند که کار در یک محیط جبر وا کراه و وجود یک حالت سوء ظن و بی اعتمادی متقابل نه برای او فایده ای دارد و نه برای کارگران ، و اگر باید کار مثبتی صورت گیرد چنین کاری فقط در یک محیط صمیمیت و همکاری و اعتماد متقابل امکان پذیر است .

بقول جونس عالم اقتصاد انگلیسی : « واقعیت عصر حاضر

این است که منافع هر کارگر با منافع سایر کارگران، و سود هر کارفرما با سود سایر کارفرمایان بهم آمیخته است. درین صورت باید منافع این دو طبقه باهم جوش بخورد تا بکمک آنها اقتصاد سالم و زاینده ای بوجود آید.»

از طرف دیگر فراموش مکنیم که در عصر ما ، عصری که همه انسانها دارای شخصیت و احترام انسانی خاص خود هستند و دیگر حقاً هیچ امتیازی بجز امتیاز ابراز شایستگی و استعداد بیشتر نباید برای کسی وجود داشته باشد ، مسائل اقتصادی از مسائل اجتماعی و اخلاقی جدا نیستند و نمیتوان مانند گذشته علم اقتصاد را فقط یک واقعیت خشک ریاضی دانست. امروزه باید مطالعات اقتصادی تأمین عدالت اجتماعی و بهبود زندگی عمومی را نیز بعنوان یکی از ارکان اقتصاد در بر گیرد و از نظر توزیع ثروت قوانین اخلاقی و انسانی قوانین اقتصادی را تکمیل کنند.

باتوجه بتمام این حقایق و واقعیتها بود که اصل سهیم کردن کارگران در منافع کارگاههای صنعتی و تولیدی بعنوان چهارمین اصل انقلاب بملت ایران عرضه گردید ، و با اعلام رأی ملی این اصل بصورت لایحه قانونی سهیم شدن کارگران در منافع مؤسسات صنعتی و تولیدی جنبهٔ قانونی پیدا کرد و در سراسر کشور بمعرض اجراء گذاشته شد .

با اجرای این قانون ، امروزه کارگر ایرانی از مترقی ترین قوانین دنیا در این زمینه برخوردار شده است ، و از نتایج این وضع هم کارفرمایان ، هم کارگران هم اقتصاد ملی ایران بهره مند گشته اند .

بموجب این قانون ، کارفرمایان کارگاههائی که مشمول قانون کار هستند مکلف شدند تا خردادماه سال ۱۳۴۲ پیمانهای دسته جمعی بر اساس اعطاء پاداش متناسب با استحصال یا صرفه جوئی در هزینه ها یا تقلیل ضایعات یا سهیم کردن کارگران در منافع خالص کارگاهها یا روشهای مشابه دیگر یا طرقی مرکب از دو یا چند روش مذکور که موجبات افزایش درآمد کارگران را فراهم سازد با نماینده کارگران کارگاه یا سندیکای حائز اکثریت کارگاه منعقد سازند ویک نسخه از پیمان دسته جمعی مذکور را بوزارت کار و خدمات اجتماعی ارسال دارند . بموجب ماده دیگری از همین قانون مقرر گردید « چنانچه توصیه های وزارت کار و خدمات اجتماعی در مورد انعقاد پیمانهای دسته جمعی مورد قبول کارفرما قرار نگیرد کارفرما مکلف است کارگران خود را در منافع خالص کارگاه سهیم کند ، ومیزان این سهم که بموجب تشخیص وزارت کار و خدمات اجتماعی و تأیید کمیسیون خاصی که ترکیب اعضای آن در قانون تصریح شده است معین میشود ، ممکن است تا بیست در صد از منافع خالص برسد » .

در خردادماه سال ۱۳۴۲ قانونی بنام متمم قانون سهیم کردن کارگران در منافع مؤسسات صنعتی و تولیدی وضع شد ومواد قانون اصلی را طبق تجاربی که در عمل حاصل شده بود تکمیل کرد .

در اجرای قانون مذکور و متمم آن تا کنون قدمهای مؤثری برداشته شده است . بسیاری از کارگران کارگاههای تولیدی وصنعتی یا سندیکاهای مربوطه با کارفرمایان خود بعقد قراردادهای دسته جمعی مبادرت ورزیده و با کاهش از میزان ضایعات و افزایش تولید بر اثر اجرای سیستم استحصال بهتر ، سود ویژه کارگاههائی را که

درمنافع آنها سهیم شده‌اند بالابرده‌اند. آخرین آمارهای مربوط با نعقاد پیمانهای دسته جمعی حاکی است که تا بامروز قریب ۹۰،۰۰۰ کارگردر بیش از یکهزار کارگاه مختلف درکلیه استانهای کشور چنین پیمانهائی را منعقد ساخته‌اند.

بموازات برقراری این نظام جدید در کارگاهها، در زمینه برقرار کردن روابط و نظام صحیح صنعتی و انسانی در مؤسسات تولیدی کشور وگسترش شبکه‌های تعاونی کارگری بمنظور حفظ قدرت دستمزدها وبهبود شرایط کار کارگران کم‌درآمد، وتوسعه سازمانهای کارگری وکارفرمائی بمنظور افزایش حقوق اجتماعی کارگران ،و نیز در زمینه اعطای وامهای مسکن و وامهای ضروری ، و استفاده بهتر از کمکهای سازمانهای بین‌المللی و تطبیق آن با مقتضیات و شرایط موجود درکشور نیز اقدامات اساسی وسیعی آغازشده است.

بمنظور کمک بیشتری درکارکارگران بانکی بنام « بانک رفاه کارگران » تأسیس شده‌است که وظیفه اصلی آن دادن وام و اعتبار به کارگران و همکاری در رفع نیازمندیهای مشروع آنهااست. از نیمه دوم سال ۱۳۴۳ تاکنون. ۲۰ شرکت تعاونی اعتبار کارگری که مجموعاً درحدود ۱۲،۰۰۰ کارگر عضویت آنها را دارند براهنمائی یا مساعدت‌این بانک تشکیل شده‌اندوبسیاری از احتیاجات ضروری کارگران از طریق این‌شرکتها تأمین گردیده‌است. به بیش‌از ۷۵،۰۰۰ نفر از این کارگران درحدود پانصد میلیون ریال وام اعطائی داده شده‌است. همچنین بمنظور تهیه‌مسکن‌و تعمیر وتکمیل خانه‌های مسکونی کارگران یا تأدیه دیون مختلف‌آنان در سه‌ساله اخیرمتجاوز

از یک میلیارد وسیصد میلیون ریال از طرف این بانک بکارگران وام داده شده است.

بمنظور آموزش کارگران برنامه های آموزش حرفه ای در کارگاههای تولیدی توسعه و تعمیم یافته است. تنها درسال گذشته مراکز تعلیمات حرفه‌ای بیش از ۲۰۰۰۰ مربی و کارگر متخصص تربیت کرده و در رشته های مختلف بدانها گواهینامه داده‌اند.

همچنین تاکنون قریب ۵۰۰۰ نفر ازسرپرستان کارخانه های کشور اصول سرپرستی را در کلاسهای مخصوص این کار فرا گرفته‌اند.

در کارخانه های مختلف کلاسهای مبارزه با بیسوادی دائر شده است که درحال حاضر تعداد آنها از ۵۰۰ تجاوز میکند. همچنین بمنظور توسعه اطلاعات کارگران و تفهیم چگونگی حل مشکلات و اختلافات کارگری و کارفرمائی از جانب آنها کلاسهای مخصوصی در بیش از ۳۰۰ کارخانه تشکیل شده‌است. اقدامات دیگری درزمینه های تقویت بدنی کارگران و آمارگیری از نیروی انسانی آنان و فعالیتهای درمانی وغیره‌صورت گرفته‌است که مجال ذکر آنها نیست. با این همه آنچه تاکنون‌شده فقط مراحل اولیه کاراست ،و انتظار من این است که درین مورد بسیار وسیعتر واساسی‌تر از آنچه تاکنون در دست اجرا است اقدام شود ، یعنی کوشش شود که همیشه‌قوانین کارمابامترقی ترین‌قوانین دنیا تطابق داشته باشند ، تادرآن موقعیکه کارگران ما از نظر تبحر واستادی در فن خود بپایه همکاران‌خویش درکشور های کاملا پیشرفته برسند ، سطح زندگی ایشان نیز بهمان نسبت بپایهٔ آنان رسیده باشد ، یعنی در پناه قانون ترتیبی داده‌شود

که ارتقاء سطح زندگی ایشان به حد مترقی‌ترین کارگران دنیا فقط مربوط بدرجه استعداد ولیاقت و تخصص خودشان درکار باشد . بدین جهت باید بیش از پیش مدارس حرفه‌ای برای کارگران ایجاد گردد و امکان گذراندن کلاسهای آن بدیشان داده شود . همچنین باید در تأمین مسکن برای همه ایشان و وضع مقررات بهتری برای بازنشستگی آنان هرچه بیشتر کوشش گردد .

در شرایط نوین اجتماعی ایران ، اکنون سندیکاهای کارگری بجای آنکه مانند گذشته با سازمانهای دولتی در معارضه وتصادم باشند تبدیل بمکتبی برای بالا بردن رشد فکری و اجتماعی و اقتصادی کارگران از یکطرف و اشتراک مساعی روز افزون آنان در اجرای برنامه‌های مختلف کشور از طرف دیگر شده‌اند .

علت این دگرگونی کاملا روشن است : اگر در برخی از کشورها سندیکاهای کارگری برای تأمین خواسته‌های مشروع خود در صف مقابل دستگاههای دولتی یا کارفرمایان قرار میگیرند ، امروزه در کشور ما بر اثر حل تناقضات و تضادهای اجتماعی و اقتصادی این سازمانها نه در جهت مخالف برنامه‌های دولت بلکه دوشادوش آنها پیش میروند . اساساً باید از این نیز بالاتر رفت و در نظر داشت که اصولاً در اجتماع امروزی ایران یعنی اجتماعی که بر اساس انقلاب سفید ما پی‌ریزی شده است کارگر و دولت از هم جدا نیستند بلکه دولت بمقتضای سیاست کلی انقلابی که هدف آن حفظ منافع اکثریت است خود پشت سر سندیکاها ایستاده و مدافع منافع حقه کارگران شده است ، و اگر تضادی در کار نیست برای این است که دولت درین راه حتی از خود کارگران تندتر میرود . دولت در ایران امروز

قبل از هرچیز بکشاورزان و بکارگران که عناصر اصلی اکثریت ملت ایران هستند تعلق دارد ، و بنابراین نمیتواند تصمیمی بگیرد یاکاری را بمورد اجرا گذارد مگر آنکه آن تصمیم و آن کار در جهت تأمین منافع حقه و مشروع آنان باشد.

اکنون طبقه کارگر ایرانی ، همگام با برادران و خواهران کشاورز خود و همراه با سایر طبقات زحمتکش ایرانی ، بر اساس روح و مفهوم انقلاب شاه و ملت جهش و تحرک عظیم کشور را در زمینه های صنعتی و تولیدی تدارک میبینند . این نیروئی است که براثر انقلاب اجتماعی ایران برای تضمین ترقی صنعتی و اجتماعی و افزایش روز افزون ثروت ملی ما بکار افتاده است و مسلماً ضامن آینده امید بخش ایران خواهد بود ، زیرا همچنانکه هفتاد سال پیش هنری جرج دانشمند فقید امریکائی درکتاب خود بنام « ترقی و فقر » نوشت : « غنی ترین ممالک آنهائی نیستند که در آنها طبیعت غنی تر است ، بلکه ممالکی هستند که کارگران با کفایت تر و شایسته تری دارند . »

۵

اصلاح قانون انتخابات

اکنون شصت سال از اعلام مشروطیت در ایران میگذرد ، و با این وصف با اطمینان میتوان گفت که تاسال ۱۳٤۱ این مشروطیت فاقد مفهوم واقعی خود بود.

مفهوم واقعی یک دموکراسی چیست؟ مسلماً و قبل از هرچیز، این است که در آن همهٔ افراد کشور حق داشته باشند در مسائلی که مربوط به سرنوشت آنهاست اظهار نظر کنند و رأی بدهند. ولی در مشروطیت ما نه فقط نیمی از همهٔ مردم کشور یعنی زنان مملکت حق رأی نداشتند ، بلکه از افراد آن نیم دیگر نیز عملا فقط متنفذین و مالکان و صاحبان سرمایه و بطورکلی افراد طبقه حاکمه بودند که مجلس یعنی کانون مشروطیت را در دست خود داشتند. مقررات مربوط بانتخابات طوری بود که هیچوقت مثلا یک زارع ساده یا یک خرده مالک کوچک یا یک کارگر بنمایندگی مجلس انتخاب نمیشد ، و حتی در انتخاب دیگران نیز واقعاً دخالتی نمیتوانست داشته باشد ،زیرا غالباً اینان سواد نداشتند و آراء آنها آرائی بود که عملا از راه خرید و فروش در اختیار متنفذین معینی قرار میگرفت.

مقصود این نیست که مشروطیت ایران اصولاً بر اساس حسن

نیت و آزادی خواهی بوجود نیامد، زیرا واقعیت این است که عده ای از بانیان نهضت مشروطه خواهی مردمی واقعاً با ایمان و فداکار بودند که صمیمانه بخاطر از میان بردن استبدادو تأمین آزادی مبارزه کردند و برخی از آنها نیز درین راه بشهادت رسیدند. ولی متأسفانه مجلسی که با چنین فداکاریها بوجود آمد خیلی زود تیول همان اشراف و متنفذین وفئودالهائی شد که صلاح خود را در عوض کردن ماسک و تظاهر به مشروطه طلبی و آزادی خواهی تشخیص دادند، و در لوای همین نقاب از دموکراسی جدید کشور بهره برداری کردند. قدرت و نفوذ این عده از همان آغاز باعث شد که راه نمایندگان واقعی طبقات کارگر و کشاورز یعنی طبقاتی که اکثریت قاطع افراد مملکت را تشکیل میدادند بمجلسی که حقاً درآن سهمی داشتند سدشود، و بدین ترتیب پارلمان ایران تقریباً در بست در اختیار آن اقلیتی که گفته شد قرار گیرد.

نتیجهٔ این وضع چه بود؟ طبعاً این بود که در چنین مجلسی هیچوقت قوانینی که بنفع اکثریت ولی بزیان منافع اقلیت متنفذ کشور بود بتصویب نمیرسید، و غالباً حتی امکان مطرح شدن نیز بدانها داده نمیشد. تاریخ مشروطهٔ ما آکنده ازشواهدی است که ازاین واقعیت در دست است، و کافی است بعنوان نمونه بآخرین آنها اشاره شود که لایحه قانونی مربوط به اصلاحات ارضی بود که چنانکه قبلا گفته شد پارلمان آنرا بصورتی مسخ کرد که بکلی ناقض هدف اصلی از وضع این لایحه بود. این اقلیت کوچک و غالباً فاسد تقریباً همیشه در خدمت منافع خارجی بود، ولی باید گفت که بیگانگان در بیشتر موارد حتی احتیاج بخریداری آن هم نداشتند، زیرا این عده از آن نظر که سروکاری با ملت واقعی

ایران نداشتند و برای خود ریشه‌ای در اجتماع ایرانی نمیشناختند، طبعاً فکر میکردند که سروکار آنها باید با سفارتخانه های اجنبی باشد، کما اینکه دیدیم که چطوربعداز رفتن پدرم مدتی‌مدید کارها درظاهر بدست یکعده ایرانی ولی درعمل قسمتی بدست سفارت انگلستان وقسمت دیگر بدست سفارت روس انجام میگرفت، وبطوریکه درکتاب مأموریت برای وطنم شرح داده ام، صبح مستشار سفارت انگلستان با یک لیست انتخاباتی بسراغ مراجع مربوطه میآمد وعصرهمان روز کاردارسفارت روس بالیست دیگری میآمد. حتی هنوزهم ما احساس میکنیم که سیاستهای خارجی که میبینند در ایران نفوذ ندارند فکرمیکنند که شاید بتوانند با براه انداختن احزابی ساخته و پرداخته دست‌خود وازراه ایجاد تشتت و تفرقه، یا باصطلاح سیاستمدارانی‌را براه‌بیندازند وسرنخشان‌را بکشند و یا احیاناً در پارلمان ایران نفوذ بکنند. متأسفانه من بیست سال تمام از دوران سلطنت خودم با چنین مجلسهائی سر وکار داشتم و همیشه میدیدم که در آنها در برابر هراقدام اصلاحی که متضمن نفع اکثریت ملت بود ولی بنحوی از انحاء بمنافع اقلیت حاکمه لطمه میزد سدی ازمخالفتها وکارشکنی‌ها پدید میآمد که آن‌اقدام‌را خنثی‌وبی‌اثرمیکرد.

بدیهی است از نظر این متنفذین توسل به هرگونه وسیله‌ای برای حفظ موقعیت و نفوذ خود در مرکز مقننه کشور مشروع و مجاز بود. در نتیجه همواره انتخابات با انواع تقلب‌ها و سوء استفاده‌ها و تهدید ها و تطمیع هائی همراه بود که نه فقط در جریان انتخابات انجام میگرفت، بلکه حتی امر قرائت آراء را نیز شامل میشد. بخصوص آخرین انتخاباتی که قبل ازقیام ملی مرداد ۱۳۳۲ انجام یافت گذشته

از انواع تهدید و تطمیع و تقلب، با چنان صحنه های فجیعی از قتل و کشتار و بی‌نظمی توأم بود که حتی تصور آن دشوار است.

در همه این انتخابات، توده‌های عظیم کشاورزان و کارگران آلت فعلی بیش نبودند. آراء آنها، یا بعبارت بهتر آرائی بنام آنها، دسته دسته بصندوقها ریخته می‌شد درحالیکه باصطلاح معروف روح خود آنها از ماهیت آن خبر نداشت. اساساً رعایا وقسمت مهمی از کارگران آن روز برای خود شخصیتی نمی‌شناختند تا درپرتو آن به رأیی که میدهند دلبسته باشند. آنها خوب میدانستند که هر کس و بهر صورت از طرف آنها بمجلس برود برای ایشان فرقی نمیکند، زیرا وی بهرحال مدافع حقوق آنها نیست، مدافع خود و طبقه خویش است.

اگر واقعاً میبایست انقلاب ایران بمفهوم واقعی خود تحقق یابد، واگر میبایست آنطور که هدف اصلی این انقلاب بود چنین تحولی با همهٔ عمق و وسعت خود بصورتی دموکراتیک وبراساس روح ومعنی حقیقی مشروطیت عملی شود، درآنصورت لازم بود مجلسی بوجود آید که نمایندهٔ عموم ملت ایران باشد، وبرای بوجود آمدن چنین مجلسی لازم بود اولا قانون انتخابات اصلاح گردد، ثانیاً بجامعهٔ زنان ایرانی که نیمی از مردم کشور را تشکیل میدادند مانند مردان حق رأی‌دادن و حق انتخاب شدن داده شود.

قانون انتخابات ما تا قبل از انقلاب ششم بهمن قانونی بود که بهیچوجه منافع طبقات زحمتکش یعنی اکثریت ملت ایران را تأمین نمیکرد. از جملهٔ مواد این قانون این بود که انجمنهای نظارت انتخابات فقط از اعیان و مالکین وثروتمندان تشکیل میشد، وطبیعی است که در چنین وضعی دست این عده باز بود که جریان انتخابات را

بهرنحو که مقتضی بدانند بنفع طبقه خود بگردانند ، ودرصورت تمایل هرصندوقی‌را که‌ممکن بود باوجود پر کردن تقلبی‌بمیل‌آنها نباشد اساساً باطل کنند . از طرف دیگر بموجب‌مواد ومقررات‌مختلف همین قانون به کارگزاران حرفه‌ای امر انتخابات که همواره در خدمت متنفذان و مالکان و یا عمال مرئی یا نامرئی بیگانگان بودند امکان همه گونه بند و بست و مداخله آشکارا یا پنهانی درکار رأی گیری و در امر قرائت آراء داده میشد .

بنابراین دردرجه اول‌انجام یک انتخابات واقعی‌ایجاب میکرد که قانون انتخابات اصلاح شود و قانون صحیحی که امکان چنین سوء استفاده هائی‌را ازمتنفذین و ازعمال حرفه‌ای آنها سلب کند و راه را برای ورود نمایندگان همه طبقات مردم کشور بویژه کارگران‌وکشاورزان درمرکز قانونگزاری باز نماید جایگزین آن گردد .

از طرف دیگر لازم بود که در چنین انتخاباتی جامعه زنان ایرانی نیز دوش بدوش مردان و با حقوق‌مساوی آنان حق رأی داشته باشند ودرعین حال از خود ایشان نمایندگانی بتوانند در صورت موفقیت بمجلسین راه یابند .

ازین دوشرط ، شرط اول با تصویب اصل لایحه اصلاحی قانون انتخابات در مراجعه بآراء ملی در ششم بهمن ١٣٤١ ، و شرط دوم با تصویبنامه قانونی شانزدهم اسفند ماه‌همان سال عملی گردید، و بدین ترتیب برای اولین بار در تاریخ مشروطیت ایران بملت ایران امکان آن داده شد که براساس روح و مفهوم واقعی دموکراسی بپای صندوقهای رأی برود ومجلسی را بوجود آورد که اکثریت آن با ملاکین نباشد .

بموجب لایحه اصلاحی قانون‌انتخابات که در نوزدهم بهمن ماه

۱۳۴۱ بر اساس اعلام رأی ملی بتصویب رسید ، مقرر شد که اولا هر کسی که رأی میدهد باید قبلا پس از احراز کامل هویت و اثبات اینکه شرط انتخاب کردن و رأی دادن دارد کارت انتخاباتی در یافت داشته باشد ؛ ثانیاً برای احتراز از تقلبات انتخاباتی انتخابات درسراسر کشور در یکروز انجام گیرد ؛ ثالثاً اعضای انجمنهای نظارت اصلی و علی البدل انتخابات مرکب از علما وتجار واصناف وزارعین و کارگران و دهقانان باشند (وتصریح شده بود که مراد از دهقان کشاورزی است که مالک زمین زراعتی خویش باشد) .

با اجرای این قانون، قیافه پارلمان ایران بکلی تغییر کرد ومجلسی بوجود آمد که در آن لوایح مترقیانه واصلاح طلبانه‌ای که بنفع اکثریت جامعه ایرانی تدوین میشود، بجای آنکه مورد کارشکنی قرار گیرد و سرانجام یا بکلی رد شود ویا مسخ گردد ، با بی‌نظری مورد رسیدگی قرار گیرد تا در صورتیکه واقعاً بنفع کشور باشد تصویب شود .

***

ولی مهمترین تحولی که درین زمینه براثر انقلاب ششم بهمن روی داد شرکت زنان ایران در امر انتخابات بود .

تنها گذشت کمتر از چهار سال از این تحول بزرگ کافی است که ما را از یاد آوری وضعی که تاقبل از اسفند ماه ۱۳۴۱ درین مورد وجود داشت بشگفتی درآورد، و شاید نسل تازه‌ای که اکنون تاریخ اجتماعی عصر حاضر کشور ما را در مدرسه‌ها فرا میگیرد نتواند باور کند که حتی در زمان زندگی خود او قانونی لازم‌الاجرا بوده است که در آن زنان ایرانی، یعنی جامعه‌ای که درآن این همه بانوی تحصیل

کرده واستاد دانشگاه و معلم وپزشک و حقوق دان ونویسنده و شاعر وهنر مند وجود دارد، درزمره دیوانگان ومجرمین وبدکاران بحساب آمده باشند.

قسمتی از ماده ۱۰ قانون انتخابات مجلس شورای ملی که تا پیش ازانقلاب سفید ایران ملاك کاربود، دراین مورد چنین صراحت داشت:

«کسانیکه ازحق انتخاب کردن محرومند، عبارتنداز: نسوان؛ کسانیکه خارج از رشدند وتحت قیمومت شرعی هستند؛ ورشکستگان بتقصیر؛ متکدیان واشخاصی که بوسائل بیشرفانه تحصیل معاش مینمایند؛ مرتکبین قتل وسرقت وسایر مقصرینی که مستوجب حدود قانونی اسلامی شده‌اند...»

آیا واقعاً این طرز فکر میتوانست درجامعه‌ای که مامیخواستیم آنرا قبل از هرچیز بر اساس عدالت اجتماعی پی ریزی کنیم مفهومی داشته باشد؟ آیا در اجتماع کنونی ایران که قسمت مهمی ازکار تجدید بنای مادی ومعنوی کشور ما بدست زنان مترقی و فعال آن انجام میگیرد ما میتوانستیم مادران و خواهران و همسران و دختران خود را همردیف یک عده دیوانه یا کسانیکه ازطرق بیشرفانه امرار معاش میکنند نگاه کنیم؟ آیا ما میتوانستیم در دنیای پیشرفتهٔ قرن بیستم ودر عصر اعلامیه حقوق بشر، ادعای ترقی خواهی وآزادی‌طلبی کنیم ودر همان حال نیمی از جامعه ایرانی را اسیر چنین وضعی نگاه داریم؟

آیا درچنین شرایطی، ما میتوانستیم ادعا کنیم که از لحاظ رشد فکری واجتماعی نسبت باعراب دوره جاهلیت که زن را «حیوانی درازمو وکوتاه فکر» لقب داده بودند پیشرفت محسوسی کرده‌ایم؟ گناه ما درین

مورد ازین جهت نا بخشیدنی تر بود که ما وارث تمدن و فرهنگی کهن هستیم که هیچوقت نسبت بزنان باچنین چشمی نگاه نکرده است. هزاران سال پیش، آئین ملی ایران حتی ملائک اصلی را به سه‌مرد و سه زن تقسیم کرده وقدرت وحقوقی کاملاً مساوی برای آنان قائل شده بود. در دینکرد اثر مذهبی بزرگ ایران باستان تصریح شده است که زن میتواند دارائی خود را شخصاً اداره کند، میتواند از جانب شوهر خود در دادرسی شرکت جوید، میتواند قیم ونگهدار پسری باشد که پدرش او را از حق ارث محروم ساخته است، میتواند بمقام داوری برسد وقضاوت کند، حتی میتواند در موارد معینی بجای مویدان مراسم دینی را بجای آورد.

کتاب حقوقی مهمی بنام «هزار دادستان» که از عصر ساسانی بدست ما رسیده، نقل میکند که روزی پنج زن سر راه بریک قاضی عالی رتبه گرفتند و از او سئوالات مختلفی کردند که قاضی در پاسخ آخرین آنها درماند. یکی از زنان خندید و گفت: استاد، اگر نمیدانی بی پرده بگو، وضمناً برای رفع مشکل خود به فلان کتاب رجوع کن که جوابش درآن داده شده است. این گفت وشنود نشان میدهد که در جامعه ساسانی زنان بآسانی میتوانسته‌اند در رشته‌های مختلف علوم حتی در رشتهٔ دشواری مانندحقوق بخوبی پیشرفت کنند.

در تاریخ ایران باستان باسامی زنان برجسته‌ای بر میخوریم که گاه بعالیترین مقامات مملکتی‌نائل شده‌اند. مثلا در عصر ساسانی دو ملکه بنام پوراندخت و آزرمیدخت بر تخت شاهنشاهی ایران نشستند، و در شاهنامه فردوسی از ملکه دیگری بنام همای یادشده است که بنوبه خود بپادشاهی کشور رسید. در همین اثر حماسی بزرگ ملی

ما داستان دلاوریهای گرد آفرید که از دژ جنگی ایرانیان در برابر تورانیان دفاع کرد، ودلیریهای زنانی چون رودابه وتهمینه وفرنگیس وگردیه بتفصیل نقل شده است.

البته نباید ازین شواهد چنین نتیجه گرفت که زن در ایران قدیم کاملاً همسنگ وهمپای مردان بود، زیرا جامعه آنروز اصولا چنین اقتضائی را نداشت. بعکس، چنانکه تحقیقات جالب بارتولومه دانشمند ایرانشناس عالیقدر قرن اخیر نشان میدهد زن ایرانی در آن عصر شخصیت حقوقی نداشته و همواره ازین لحاظ تحت سر پرستی رئیس خانواده یعنی پدر یا برادر ویا پسر ارشد خود بوده است. حتی بارتولومه مثلی را از آن زمان نقل میکند که: « زن میبایست روزی سه بار از شوهر خود بپرسد که چه باید بیندیشد ؟ چه باید بگوید ؟ چه باید بکند ؟ »

با این وصف، مقام اجتماعی زن در کشور ما در آن عصر بالاتر از بسیاری از جوامع متمدن دیگر بود. مثلاً در همان زمان بود که هندوان زنان را پس از مرگ شوهرانشان زنده در آتش میافکندند و این سنت تا عصر ما نیز قرار بود. از ارسطو در یونان نقل کرده اند که میگفت نسبت زن به مرد نسبت غلام به مولای خود ونسبت بدن به روح است. از افلاطون نیز حکایت کرده اند که در طبقه بندی که از موجودات جهان کرده نمیدانسته است زن را در کجا میباید جای دهد. در انجمن علمی «ماکون» که در قرن ششم میلادی برای حل معضلات فلسفی ومذهبی عالم مسیحیت تشکیل شد، این مسئله مطرح گردید که آیا اصولا زن مانند مرد دارای روح جاوید هست یاخیر؟

ولی در دوران اسلامی تعالیم عالیه اسلام نه تنها برای زنان احترام وارزشی شایسته قائل شد، بلکه بدانان از لحاظ معاشی امتیازات

و حقوقی داد که حتی هنوز هم نظیر آنها در برخی از جوامع مترقی غرب برای زنان وجود ندارد.

در قرآن کریم بارها زن ومرد از لحاظ موازین انسانی در کنار هم جای داده شده‌اند. مثلا آیه‌ای از قرآن صریحاً حاکی است که: «زن و مرد بیکسان از آنچه اکتساب میکنند بهره‌مند میشوند[1]». حتی سوره خاصی از قرآن مجید به زنان اختصاص یافته است. سخنان متعددی از حضرت رسول اکرم از احترام عمیق آن حضرت بمقام زن حکایت میکند، ازقبیل این جمله معروف که: «بهشت در زیر پای مادران است[2]»، یا این جمله که: «کریمان زن را اکرام میکنند، ولئیمان اهانت[3]».

در قوانین اسلامی به زن استقلال اقتصادی وحق مالکیت وحق تصرفات گوناگون در اموال شخصی خود داده شده است، و بدین جهت فقه اسلامی در مواردی از قبیل تجارت، رهن، عطیه وبخشش، شرکت وسرمایه گزاری، وقف، اجاره، ضمانت، ودیعه، عقدقراردادهای بازرگانی و موارد متعدد دیگر، برای زنان حقوقی مساوی با مردان قائل است. اعمال این حق مالکیت وحق تصرف در اموال منوط به اذن ونظارت و قیمومت هیچکس حتی شوهر نیست، درصورتیکه تاهمین چندی پیش قوانین کشور پیشرفته‌ای مانند فرانسه حق تجارت وهرگونه معامله و تصرف در اموال شخصی را بدون اجازه شوهراز زنان سلب کرده بود.

متأسفانه تحولات اجتماعی کشور ما در ادوار مختلف و در دوره‌های انحطاطی که غالباً نتیجه منطقی قدرت‌یافتن نیروهای ارتجاعی بود، روح این تعالیم عالیه اسلامی راکه در عین‌حال منطبق باسنن

---

(۱) للرجال نصیب مما اکتسبوا، و للنساء نصیب مما اکتسبن ...
(۲) الجنة تحت اقدام الامهات.
(۳) مااکرم النساء الاکریم ، وما اهانهن الا لئیم.

دیرینه تمدن ایرانی بود قلب و مسخ کرد وزن را گاه تا مقام یک برده و کنیز پائین آورد. رواج بیعدالتیهای اجتماعی و اخلاقی، زن ایرانی را روز بروز بیشتر اسیر جهل و بیسوادی وخرافات کرد، وشاید تنها تسلائی که زنان ما میتوانند در این مورد داشته باشند این است که در همان ادوار در بسیاری از جوامع دیگر جهان نیز خواهران آنها سرنوشتی بهتر از ایشان نداشتند و گاه حتی وضعی بمراتب تلختر و غم انگیز تر از ایشان داشتند.

معهذا باید با حس احترامی عمیق به شخصیت واصالت ذاتی زنان ایرانی، این حقیقت را ناگفته نگذاشت که حتی درتاریکترین ادوار اجتماعی زنان ایران موجودیت خویش را در شئون مختلف باثبات رسانیده وآن فروغ معنوی راکه از مشخصات نژاد ایرانی است بصورتهای مختلف بتجلی درآوردند، که یکی از آخرین نمونه های بارز آنرا در یکی از فصول سیاسی و اجتماعی عصر جدید ایران یعنی درسال ۱۲۹۰ شمسی میتوان دید. اندکی قبل از آن سال دو دولت روس وانگلیس ایران را طبق قرارداد معروف ۱۹۰۷ مسیحی بین خود بمناطق نفوذ تقسیم کرده بودند، و چون دولت ایران به استخدام مورگان شوستر امریکائی برای اصلاح وضع گمرك و مالیه ایران اقدام کرد و وی خود را درعمل یک مأمور وظیفه شناس وبیغرض نشان داد، دولت تزاری روس که مایل به بهبود وضع مالی نابسامان ایران نبود، برای طرد و اخراج او یک اولتیماتوم چهل وهشت ساعته بدولت ایران داد وبلا فاصله قشون خود را وارد شمال کشور کرد. این اتمام حجت تظاهرات ملی مختلفی را در ایران باعث شد که مهیج ترین آنها تظاهر دسته جمعی عده زیادی از بانوان ایرانی بود. در این باره خود شوستر در

کتاب جالب خویش بنام « اختناق ایران » مینویسد : « درود و عزت بی حد به زنان روبستهٔ ایران باد ! زنانی که سنت های اجتماعی حصاری نفوذ ناپذیر برگرد آنان کشیده بود . زنانی که عاری از استقلال اجتماعی وفکری بودند و هیچگونه امکاناتی برای کسب دانش و پرورش روحی خویش نداشتند ، و با وجود این عشق سرشار به وطن روح آنهارا سیراب کرده بود . با این عشق بود که موقعیکه شهرت یافت و کلای مجلس ایران در جلسه ای سری تصمیم به تسلیم در برابر زور گرفته اند ، این زنان توهین بیگانه را مردانه پاسخ گفتند و در یکروز و یکساعت سیصد تن از ایشان از خانه ها و حرمسراهای محصور خویش با چهره هائی از خشم بر افروخته بیرون آمدند و در حالیکه بسیاری از ایشان در زیر چادرهای سیاه خویش طپانچه هائی پنهان داشتند بمجلس رفتند و در آنجا نقابها را پاره کردند و اعلام داشتند که اگر وکلای مجلس از روی ترس و زبونی شرافت ملت ایران را زیرپا گزارند، هم آنان و هم شوهران و فرزندان خویش و هم خودشان را خواهند کشت تا لااقل اجساد آنان گواه شرف ایرانی باشد.»

آیا چنین زنانی واقعاً مستحق آن بودند که همچنان از شرکت در زندگی اجتماعی محروم بمانند ، و در عصری که در کشورهای مترقی روز بروز درهای مراکز مختلف علم و اقتصاد و سیاست بروی زنان بازتر میشود ایشان همچنان پرده نشین باشند و حق کمترین دخالتی در امور اجتماع و کشوری که خود نیمی از آنرا تشکیل میدادند نداشته باشند؟

برای از میان بردن این ظلم و تبعیض بزرگ اجتماعی بود که پدرم در سال ۱۳۱٤ حجاب زنان را که مانع اصلی آنان از شرکت در زندگی اجتماعی بود ملغی کرد ، و از آن پس بدانان امکان داد که

مانند زنان کشورهای مترقی در شئون مختلف اداری و اجتماعی بکار پردازند. در سال ۱۳۱۴ درهای دانشگاه بروی زنان ایرانی گشوده شد و در نتیجه دختران ایرانی در همهٔ رشته‌های علمی دوشادوش پسران پیشرفت کردند، و نه تنها در مراکز آموزشی داخله کشور بتحصیل پرداختند بلکه در بسیاری از دانشگاههای بزرگ جهان نیز ذوق و استعداد فطری خودرا در کسب دانش بروز دادند.

با توجه به نقش بزرگ زنان ایرانی در تمام شئون مادی ومعنوی کشور، بهتر میتوان دریافت که ادامه منع قانونی شرکت طبقهٔ زنان ایران در تعیین سرنوشت خود و شرکت در تعیین سرنوشت کشور از راه حق انتخاب کردن و انتخاب شدن در پارلمان تاچه اندازه نه تنها ظالمانه بلکه غیر منطقی و مخالف باعقل سلیم و بامصالح ملی بود. این واقعاً باورنکردنی بود که یک مرد بیسواد (والبته مقصود این نیست که ازین راه توهین یاتحقیری به حیثیت انسانی و ملی چنین فردی شده باشد) قانوناً حق رأی داشته باشد، اما یک بانوی ایرانی که عالیترین مدارج تحصیلی رادر دانشگاههای ایران یادردانشگاههای بزرگ جهان طی کرده است و مقام استاد دانشگاه یا دکتر یامهندس یا حقوق دان را دارد، چنین حقی را فاقد باشد. اصولا در جامعه‌ای که بازده کار هریک نفر از افراد مملکت در تمام تولید ملی مؤثراست، آنهم درمملکتی مانند ایران که میباید چندقرن فاصله خود را با دنیای مترقی درمدتی بسیار کوتاه جبران کند، چطور میتوان قبول کرد که نیمی از قوای فعالهٔ مملکت از حقوق حقه خود بر کنار بمانند؟

من احساس میکنم که با فرمانی که در هشتم اسفند ماه ۱۳۴۲ بر اساس روح و مفهوم اصول انقلاب ششم بهمن و با اتکاء به تأیید

قاطع ملی از این اصول ، در بارۀ اعلام حقوق مساوی بانوان ایران با مردان کشور در امر انتخابات صادر کردم، یکی از بزرگترین وظائفی را که در برابر ملت ایران بعهده داشتم انجام دادم . با صدور این فرمان به یك ننگ اجتماعی و بوضعی که مخالف روح و مفهوم واقعی شرع مقدس اسلام و مخالف با روح قانون اساسی این کشور بود خاتمه داده شد ، زیرا در مقدمه قانون اساسی صراحتاً اشاره بدین اصل شده است که: « . . هریك از افراد اهالی مملکت در تصویب و نظارت امور عموم محق و سهیمند . »

در نطقی که بعد از صدور این فرمان ایراد کردم، درین باره چنین گفتم : « خدای را شکر که اکنون آخرین ننگ اجتماعی ما نیز برطرف شده و این زنجیر تحقیر و اسارت که بر گردن نصف جمعیت این مملکت بود برداشته و پاره شده است . در مملکتی که نسوان آن دوشا دوش مردان بدبستانها و دبیرستانها و دانشگاهها میروند چطور میتوان انتظار داشت که به یك زنی بعد از طی تمام این مراحل گفته شود که در ردیف محجورین و دیوانگان است و نمیتواند بفهمد و اظهار نظر کند که حتی مثلاً در شهر او بچه شکلی باید خیابان تمیز بشود ؟ چنین زنی ، مثل همطرازان خودش در میان مردها ، بمقتضای اصل طبیعت و بمقتضای اصل تمدن حق دارد که عیناً در شرایط مساوی نه فقط در امور خانواده و خانۀ خودش بلکه در امور مملکتی و امور معاشی و سیاسی کشورش اظهار نظر کند . چطور ممکن است یك مردی به خودش حقوقی بدهد و این حق را از مادر یا خواهر خودش سلب نماید ؟ اصلاً چطور ممکن است یك کسی که مادرش باو حق حیات داده است بزرگ بشود و بگوید که مادر من در زمرۀ دیوانگان یا بد کاران

است ؟ این هم برخلاف طبیعت و بشریت و هم برخلاف تمدن است. »

در همان نطق ، این نکته را نیزمتذکر شدم که: « ... مطمئن هستم اکنون که زنهای ایران با حقوق مساوی با مردان خودشان را آمادهٔ ادارهٔ امور مملکت کرده‌اند ، چون نماینده طبقه ای هستند که محروم بوده اند ازین پس باشوق و اشتیاق بیشتری وارد فعالیت های اجتماعی خواهند شد و کار را جدی خواهند گرفت و این دوبرابرشدن افراد فعال مملکت بزودی اثرات خود را در تمام شئون مملکت نشان خواهد داد. »

اکنون که چهار سال از آن هنگام گذشته ، میتوانم باخوشوقتی بگویم که این پیش‌بینی تا حد زیادی تحقق یافته است و زنان کشور ما در کارهائی که شرکت جسته اند شایستگی و وطن پرستی خود را ابراز داشته اند. نه تنها دررشته‌های آموزشی وبهداشتی و امورخیریه روز بروز سهم مهم ومؤثر زنان بیشتر میشود ، بلکه دررشته های علمی وحقوقی و اقتصادی نیز پیوسته زنان ما سهم بیشتری بعهده میگیرند. درزمینه های مختلف ادبی و هنری زنان ما موقعیت ممتازی احراز کرده و ذوق و استعداد خود را ببهترین‌نحوی بروز داده اند. همچنین در سازمانهای مختلف بین‌المللی بانوان ما با شایستگی شرکت کرده و صلاحیت و تخصص خود را نشان داده اند.

لازم بتذکر نیست که درفعالیتهای کارگری‌وکشاورزی کشور، غالباً زنان ما دوشادوش مردان شرکت دارند.

بدین ترتیب روز بروز زنان درفعالیت عظیم اجتماعی‌واقتصادی کشور ما و در تجدید بنای اجتماع ایران سهم حساستر و مؤثرتری چه از لحاظ کمیت و چه از حیث کیفیت برعهده میگیرند ، و این امری

است که لازمهٔ اجتناب ناپذیر هراجتماع پیشرفته و مترقی امروز است.

آماری که اخیراً توسط سازمان ملل متحد انتشار یافته بخوبی نشان میدهد که این تحول اجتماعی کشورما تا چه‌اندازه منطبق با احتیاجات و ضروریات مترقی‌ترین جوامع دنیای حاضر بوده است. این آمارحاکی است که درحال حاضر ۳۶ درصد از زنان امریکائی، ۲۸ درصد از زنان اروپای‌غربی و ۵۶ درصد اززنان ژاپنی‌درمراکز مختلف اداری وصنعتی واجتماعی کشورهای خود کارمیکنند. دراتحادشوروی نسبت زنان کارگر به همه کارگرها از ۴۷ درصد متجاوز است.

بکارافتادن روزافزون نیروی فعاله زنان ایرانی‌درشئون مختلف حیات ملی ایران نه‌تنهااجتماع ما را روزبروز بیشتر بسطح مترقی‌ترین جوامع جهان نزدیک میکند، بلکه بنیاد فکری و روحی اجتماع آینده ایران را نیز قوام و استحکام میبخشد، زیرا این زنان‌ایران‌هستند که باید اصول انقلاب را در ذهن فرزندان خویش یعنی در ذهن آنانی که باید ایران فردا را اداره کنند و بنوبهٔ خود مربی نسلهای آینده باشند رسوخ دهند. هرقدر سهم‌زنان امروز ما درآشنائی‌بااصول‌انقلاب ایران و اداره اجتماع نوینی‌که بر اساس این اصول پی ریزی شده است بیشتر باشد، فرزندانی که درمکتب ایشان پرورش میبابند با آشنائی بیشتر و عمیقتری‌باین‌اصول پا بصحنهٔ‌اجتماع خواهند گذاشت.

انقلاب ما یک انقلاب تحمیلی یا دستوری‌نیست. انقلابی‌است که بالعکس اساس آن همکاری آزادانه همه‌افرادبراساس درک‌مفهوم واقعی آن است. لازمهٔ تحقق کامل‌اصول این انقلاب‌این‌است که همهٔ افراد کشور هرچه بیشتروکاملتر و عمیقتر باآن آشنائی یابند و آزادانه و صرفاً از روی‌اعتقاد و ایمان در تعمیم و اجرای این اصولی که هدف

آن فقط تأمین منافع واقعی خود آنهااست شرکت جویند. درین صورت شک نیست که مهمترین وظیفه درین باره بعهدهٔ بانوان ایرانی است، زیرا اینانند که قبل از هر مدرسه و آموزشگاهی کار تربیت فرزندان خود و بنیانگزاری جامعهٔ آینده را بعهده دارند.

انقلاب ماوظیفه‌ای راکه درمورد زنان ایرانی بر عهده داشت، با آزاد کردن آنان از قید زنجیرهای کهن و دادن امکان هر گونه فعالیت و پیشرفت بدیشان در همهٔ شئون مادی و معنوی اجتماع ایران انجام داد . از این پس خود آنها هستند که میباید خویش راشایستهٔ این آزادی و شایستهٔ سنن دیرینهٔ تمدن اصیل و انسانی ایران نشان دهند و تاریخ آینده را بدانسان که درخور گذشتهٔ ما است پی‌ریزی کنند ، ومن ایمان دارم که زنان‌ایران این رسالت خویش را بخوبی انجام خواهند داد .

۶

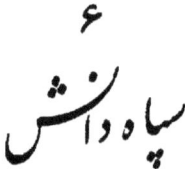

سپاه دانش

اصلی که اکنون مورد بحث ماست، از پرافتخارترین اصول انقلاب سفید ایران است، زیرا انقلاب ما با تحقق این اصل اجرای اصیلترین رسالت تاریخی تمدن ایرانی یعنی رواج دانش و فرهنگ را بعهده گرفت. جهش و قدرت محرکهٔ این اصل از انقلاب ایران بقدری بود که از مرزهای کشور ما فراتر رفت و یک نهضت جهانی پیکار با بیسوادی را در برگرفت. امروز پس از گذشت چهار سال از اعلام اصول انقلاب، وقتی که ما نتایج اجرای این اصل بخصوص را از نظر میگذرانیم، نه تنها با توجه بروح وظیفه‌شناسی و ایمان و عشق مقدس جوانانی که سپاهیان دانش ایران نام گرفته‌اند، بلکه با دیدار نتایجی که این انقلاب در راه دفاع از حقوق و منافع یک میلیارد نفر از مردم بیسواد و محروم جهان داشته است در خود احساس رضایت خاطر و غروری مشروع میکنیم.

عادتاً ملل جهان به روزها و سالهای معینی از تاریخ خود که در آن کارهائی بزرگ انجام داده‌اند تفاخر میکنند، و تاریخ طولانی کشور ما نیز طبعاً از این سالها و روزها بسیار دارد. ولی ارزیابی امروزه جهان از ارزشهای مدنی و تاریخی، اهمیت بسیاری از این روزها را از میان برده و در عوض ارزش برخی دیگر را زیادتر کرده‌است.

براساس این ارزیابی جدید ، مسلماً روزی را که سپاه دانش ایران بوجودآمدباید برای کشورما روزی‌تاریخی‌محسوب داشت ، زیرا دراین روز بود که تلاشی اساسی برای‌نجات میلیونهاتن ازمردم ایران وصدها میلیون تن ازمردم جهان از بلای بیسوادی آغازگردید. درعین حال این فرصتی بود که گوشه‌ای ازعالیترین خصائص روحی‌ایرانی‌بصورت تلاش‌مردانهٔ هزاران تن ازجوانان این کشور درانجام‌وظیفه‌ای‌مقدس و پرافتخار یعنی همراه بردن فروغ دانش با عماق دور افتاده‌ترین روستاهای کشور تجلی کند.

اصالت این‌اصل ازانقلاب ایران ، مانندسایر اصول‌این‌انقلاب، نه تنها ازآن‌جهت بود که جوابگوی یک احتیاج‌اساسی اجتماع‌امروز ما بود ، بلکه درعین حال ازاین بابت بود که با ریشه‌دارترین سنن مدنی و تاریخی ما مطابقت داشت ، زیرا این واقعیتی تاریخی است که تمدن‌ایران همواره با روح احترام و علاقه‌ای خاص به فرهنگ و دانش آمیخته بوده است.

چند هزار سال پیش دراوستا تصریح شده است که آموختن دانش بهربیگانه یا هم‌کیش‌یا برادریادوستی وظیفهٔ هرفرد با ایمانی است. دربندهش گفته شده که برهمه‌کس‌فرض است‌کودك خود را بدبستان بفرستد و بدو دانش‌آموزد ، و درکتاب دیگر زرتشتی بنام پندنامهٔ آذرباد توصیه شده‌است‌که : « زن وفرزندخودرا بکسب‌دانش وهنربخوان. اگرفرزندی خردسال داری ، چه پسر و چه دختر ، اورا بدبستان فرست ، زیرا فروغ دانش روشنی وبینائی‌دیده است. » درجهٔ اهمیت تعلیم و تربیت را درآن عصر ایران ازین‌جا میتوان‌دریافت‌که دراوستا به زرتشت «آموزگار» لقب داده شده است.

استرابن مورخ یونانی درباره آموزش و پرورش جوانان هخامنشی مینویسد: «جوانان پارسی پیش از طلوع خورشید با بانک شیپور از خواب برمیخیزند، بعد بدور هم گرد میآیند و بدسته های پنجاه نفری تقسیم میشوند و هر دسته را بدست سرپرستی میسپارند. وی دسته خود را بمسافت سی یا چهل استاد[1] میدواند، آنگاه درس روز گذشته را از ایشان میپرسد و درسی تازه بدانها میدهد.»

البته نباید نا گفته گذاشت که در آن زمان تعلیم کودکان بمقتضای سازمان اجتماعی ایران و وضع طبقات مختلف نسبت بیکدیگر جنبه عام نداشت و فقط فرزندان طبقات ممتاز را شامل میشد. معهذا این درجهٔ تعلیم بسیار وسیع بود، بطوریکه طبق گفته فردوسی در هر جا که آتشکده و آتشگاهی وجود داشت مدرسه ای نیز در کنار آن بود[2].

این تعلیم و تربیت فقط جنبهٔ ابتدائی نداشت بلکه دامنه آن تا سطحی بسیار بالا نیز ادامه مییافت، بطوریکه علاوه بر مدارس عادی در ایران مراکز علمی و فرهنگی بزرگی از قبیل دانشگاه معروف گندی شاپور بوجود آمد که بعداً دانشگاههای بزرگ اسلامی بر اساس آنها پایه ریزی گردید.

وقتی که آئین اسلام بمنظور اعتلای بشریت ظهور کرد، ایران یکی از کانونهای درخشان فرهنگ جهان بود، تا بدان حد که حضرت رسول اکرم فرمود: «اگر دانش در آسمان باشد، بازهم مردانی از ایران بدان دست خواهند یافت[3].»

1- استاد واحد مقیاس طول یونانی بوده و برابر ۶۰۰ گام یونانی و برابر ۱۸۵ متر است.

2- بهر برزنی در، دبستان بدی   همان جای آتش پرستان بدی

3- لوکان العلم منوطاً بالثریا، لوجده رجال من الفرس.

اسلام خود دین دانش بود ، و درین مورد دستورهای متعدد پیغمبر اسلام بهترین مدرك است ، از قبیل این جمله که امروز شعار سپاه دانش ایران قرار گرفته است : « طلب دانش فریضهٔ هر مرد وزن مسلمانی است[۱] » ، یا :« هیچ فقری بدتر از جهل نیست[۲] » یا :«عالمان امنای خداوند بر مردمانند[۳] »

حتی روایتی که از مورخان اسلامی در دست است نشان میدهد که بفرمان حضرت رسول اکرم نوعی از سپاه دانش در صدر اسلام بوجود آمده بود . طبق این روایت ، پیغمبر اسلام مقرر فرموده بود که افراد با سوادی که باسارت قشون اسلام در میآیند و پولی برای پرداخت گروگان و خریداری حق آزادی خود ندارند ، هرکدام ده کودك مسلمان را خواندن و نوشتن بیاموزند و آزاد شوند.

بدین ترتیب سنت دیرینهٔ فرهنگ پروری تمدن ایرانی ، توأم با تعالیم عالیه اسلام ، باعث شد که در عصر اسلامی فرهنگی چنان درخشان و بارور در ایران رشد و نمو پیدا کند که نفوذ و رونق معنوی آن از اقیانوس کبیر تا اقیانوس اطلس گسترش یابد ، و حتی در تاریکترین ادوار از قبیل دورههای مغول و تیمور ایرانیان همچنان این مشعل فروزان را از دست نگذارند.

ولی با وجود داشتن سابقهای چنین درخشان ، جامعهٔ ایرانی عصر ما در آغاز قرن حاضر شمسی یعنی هنگامیکه دوران جدیدی در تاریخ ما آغاز شد چهوضعی داشت؟ ویك دوران انحطاط وحشتناك،

---

۱ - طلب العلم فریضة علی کل مسلم و مسلمه

۲ - لافقر اشد من الجهل

۳ - العلماء امناء الله علی خلقه

این مملکتی را که زمانی کانون دانش و معرفت بود از این بابت بچه صورت درآورده بود؟ اگر درنظر آوریم که با وجود همه کوششهائی که در دوران سلطنت پدرم برای توسعه مدارس و تعلیم کودکان و جوانان کشور صورت گرفت ، و با وجود ادامه و تقویت این کوششها در دوران سلطنت خود من ، بازهم در هنگام انقلاب ششم بهمن بیش از هشتاد درصد از مردم کشورما بیسوادبودند ، آنوقت میتوانیم احساس کنیم که درست در دورانی که کشورهای مترقی جهان اساس کار خودرا بر تعلیم و تربیت هرچه بیشتر و عمومی‌تر افراد خود قرار داده بودند ، و در عصری که هرروز دبستانها و دبیرستانها و دانشگاههای زیادتری درآن ممالک تأسیس میشد ، بی لیاقتی و فساد دستگاههای حکومتی ایران ، توأم با نفوذ شوم ارتجاع و سیاستهای بیگانه وسایر عوامل مخرب ، جامعهٔ ما را بچه پایه از جهل و بیخبری تنزل داده بود .

جالب این است که بموازات همین وضع دولتهای وقت در روی کاغذ صحبت از اجرای پیشرفته ترین اقدامات آموزشی دول مترقی درکشور ایران میکردند ، چنانکه فی المثل در قانون اساسی معارف در آبانماه سال ۱۲۹۰ تعلیمات ابتدائی برای هر فرد ایرانی از هفت سالگی ببعد اجباری مقررشده بود . اما در عمل در سال ۱۳۰۰ یعنی ده سال بعد از آن تعداد کلیهٔ محصلین ابتدائی و متوسطه وعالی (که قسمت اخیر فقط شامل محصلین دارالفنون میشد) حتی به ۴۰۰۰۰ نفر نمیرسید .

این دارالفنون درسال ۱۲۶۸ قمری توسط امیرکبیر تأسیس شده بود ، ولی سیزده روز بعد از آنکه این مؤسسه رسماً گشایش یافت بانی آن بصورتی که همه میدانیم بقتل رسید .

چهارسال بعد از آن تاریخ ، وزارت علوم تأسیس شد که بعداً « وزارت معارف»نام گرفت ، و درهمان زمان مدارس خارجی متعددی نیز در تهران و برخی از شهرستانها ایجاد گردید .

پس ازسوم اسفند ۱۲۹۹ دوران تازه‌ای درامور آموزشی و فرهنگی کشورما آغاز شد. مدارس دولتی دارای سازمان و برنامه تعلیماتی متحدالشکل شدند و امور مدارس ملی نیز از این حیث تحت بازرسی دولت قرارگرفت . برای مدارس خارجی مقرراتی وضع شد . پس از وضع قانون نظام وظیفه عمومی امتیازات خاصی برای شاگردان دبیرستانها و مدارس عالی در نظر گرفته شد که در تشویق آنها به ادامهٔ تحصیل بسیار مؤثر بود. از۱۳۰۷ ببعد هر ساله عده‌ای دانشجو بخرج دولت برای تحصیلات عالیه دررشته های مختلف فنی وطبیعی و ریاضی وطب و مهندسی و تعلیم و تربیت بکشورهای مترقی خارجی اعزام شدند و مرکزی بنام دارالمعلمین عالی بمنظور تربیت دبیر برای مدارس متوسطه ایجاد گردید. کتب درسی بصورتی که در همهٔ مملکت یکسان تدریس شود تحت نظر وزارت فرهنگ تألیف و چاپ شد و طبق قانون سال۱۳۱۲ ازاول آن سال تحصیل درتمام دبستانهای دولتی برای کلیه شاگردان مجانی گردید. در۱۵ بهمن ۱۳۱۳ سنگ بنای نخستین دانشگاه ایران نهاده شد. ازسال ۱۳۱۴ دبستانهای‌مختلط تشکیل گردید که در آنها پسران و دختران تا ده سالگی میتوانستند در یکجا درس بخوانند . از همان سال ورود دختران دانشجو بدانشسرایعالی مجاز گردید .

در سال بعد از آن کلاسهای شبانه‌ای برای آموزش سالمندان در دبستانهای دولتی تمام کشور ایجاد شد که به کسانی که سن آنها اجازه تحصیل درساعات رسمی را نمیداد ویا روزها اشتغال بکارداشتند امکان تحصیل بدهد . برای اینکار کتابهای مخصوصی تألیف و چاپ شد ، و بدین ترتیب در این کلاسها تاکنون صدها هزار نفر از اکابر کشور با سواد شده اند .

بر اثر این اقدامات بود که در سال ۱۳۲۰ تعداد شاگردان کشور بقریب ۴۰۰٫۰۰۰ و تعداد معلمین درمملکت به بیش از ۱۲٫۰۰۰ نفر رسیده بود .

وضع ناگوار ناشی از جنگ دوم جهانی طبعاً در جریان امورآموزشی کشور نیز اثر گذاشت . در نخستین سالهای پس ازشهریور ۱۳۲۰ ، یکبار دیگر قوانینی بنفع تعلیمات اجباری وضع شد که بازهم چون ضامن اجرا نداشت و با امکانات موجود تطبیق نمیکرد فقط در روی کاغذ باقی ماند . مثلاً در مرداد ماه سال ۱۳۲۲ طرح اجرای تعلیمات اجباری بتصویب مجلس رسید که بموجب آن میبایستی در ظرف ده سال آموزش ابتدائی در سراسر کشور تحقق یابد ، ولی در عمل در پایان این مدت در حدود ۵۰ درصد از کودکانی که سن آنها میان ۷و۱۳ سال بود هنوز از تحصیل محروم بودند . آماری که در دست است نشان میدهد که تاقبل از انقلاب ششم بهمن در استان کردستان فقط ۱۶ درصد و در استان بلوچستان ۲۰ درصد اطفالی که در گروه سنی ۶ تا ۱۲ سال بودند بدبستان میرفتند وبقیه بر اثر فراهم نبودن وسائل بیسواد مانده بودند .

تا همان تاریخ نسبت اطفالی که بدبستان راه یافته بودند به کلیه اطفال لازم التحصیل در شهرهای مراکز استانها بطور متوسط ۷۴ درصد و در روستاها فقط ۲۴ درصد بود . بعبارت دیگر تا قبل از اجرای طرح سپاه دانش ، طفل شهری سه بار بیش از یک روستائی امکان راه یافتن بمدرسه را داشت . مطالعه آمار مربوط به نوآموزان شهرها و روستاها در سالهای قبل از ۱۳۴۱ نشان میدهد که با وجودیکه در آن تاریخ جمعیت دهات ایران تقریباً سه برابر جمعیت شهرها بود، تعداد نوآموزان روستاها همواره بین ۳۵ تا ۴۰ درصد کمتر از تعداد نو آموزان شهرها بوده است .

در سال ۱۳۴۱ ، وقتی که اصول انقلاب ششم بهمن در ذهن من پایه گزاری میشد ، وضع بدین منوال بود که گفته شد . نتیجه‌ای که از این واقعیت بدست میآمد این بود که تنها از طرق عادی و جاری تعدیل اساسی در وضع آموزشی کشور مقدور نیست، و اگر بخواهیم سریعاً در تغییر این شرائط و انجام یک مبارزه مؤثر با بیسوادی کار کنیم میباید برای این کار بسراغ وسائل انقلابی و غیرمعمولی برویم .

یکی از بزرگترین ارمغانهائی که انقلاب ما میتوانست بتوده‌های عظیم ایرانی بدهد مسلماً کوشش در با سواد کردن آنها بود . دو هزار سال پیش سیسرون خطیب معروف رم ، میگفت : « حکومت چه هدیه‌ای بزرگتر یا بهتر از این میتواند بما بدهد که جوانان ما را تعلیم بدهد و با سواد کند ؟ » و این گفته پس از دوهزار سال در مورد ما صادق بود ، و همواره نیز در مورد هر کشور و هر جامعه صادق خواهد بود .

بنا براین باین نتیجه رسیدم کـه میباید درین مورد از نیروی خلاقه و زاینده‌ای که یقین داشتم درنهاد هرجوان شرافتمند وپاکدل ایرانی نهفته است کمک گرفته شود ، یعنی ازمیان جوانان دیپلمه که طبق قانون بخدمت وظیفه عمومی احضار میشدند عده‌ای دوره خدمت وظیفه خود را بتعلیم بیسوادان در روستاهای مختلف کشور که فاقد دبستان هستند بگذرانند.

این طرح انقلابی که میبایست بعدها انعکاس آن در همه جا طنین‌افکن شود وبصورت یکی از مترقیانه‌ترین طرحهای اجتماعی عصر حاضر درآید ، درچهارم آبانماه ودوازدهم آذرماه سال۱۳٤۱ با دولایحه مصوبه دولت بصورت قانونی درآمد.، ودرششم بهمن ماه همان سال مورد تصویب قاطع ملی قرار گرفت ، و از دیماه ۱۳٤۱ نخستین دسته سپاهیان دانش دورهٔ آموزشی چهارماههٔ خودرا آغاز کردند تا پس از آن روانه روستاها شوند وبقول افلاطون « آن مشعلی را که در دست خود داشتند بدیگران بسپارند ».

ازآن هنگام بود که یک حماسهٔ واقعی که میتوان آنرا حماسه سپاه دانش ایران نام داد آغاز شد. افراد این سپاه غالباً با چنان شور وعشق و ایمانی بانجام وظیفه خویش در دورترین روستاها و در نامساعدترین شرایط پرداختند که بزودی ستایش و احترام عمومی را نسبت بخویش برانگیختند ، و امروز بسیاری ازآنان بصورت قهرمانان گمنام یک ماجرای عالی انسانی در آمده‌اند که نه تنها مردم ایران بلکه بسیاری ازمردم پنج قارهٔ جهان نیز باکار ایشان آشنائی دارند.

درمدت پنج سالی که ازآغازکار سپاه دانش میگذرد ، درحدود ۳۲,۰۰۰ نفر ازاین سپاهیان در نه گروه انجام وظیفه کرده‌اند ، که

بیش از ۸۳۰۰ نفر از آنها حتی پس از پایان خدمت وظیفهٔ خویش داوطلبانه دراستخدام وزارت آموزش و پرورش باقی مانده‌اند و بصورت آموزگار ثابت در همان روستاها یا در نقاط دیگر انجام وظیفه میکنند.

درین مدت درحدود ۴۵۰,۰۰۰ پسر، ۱۲۰,۰۰۰ دختر، ۲۴۰,۰۰۰ مرد سالمند و ۱۱,۰۰۰ زن سالمند توسط این سپاهیان در کلاسهای روزانه یا شبانهٔ روستاها تعلیم یافته و با سواد شده‌اند.

ولی کار سپاهیان دانش درین مدت محدود به تدریس و تعلیم نبوده، بلکه ایشان بموازات سواد فعالیتهای وسیع عمرانی و اجتماعی نیز با خود به روستاهای کشور ارمغان برده‌اند. در حقیقت آنها نه‌فقط قسمتی از مواد انقلاب ایران بلکه همهٔ انقلاب را با خود بدین روستاها برده‌اند.

طبق آمار وزارت آموزش و پرورش، تا پایان شهریور ماه سال ۱۳۴۵ این سپاهیان با کمک مردم روستاها بیش از ۱۰,۰۰۰ دبستان ساخته و بنای بیش از ۶,۰۰۰ دبستان موجود را ترمیم کرده‌اند. همچنین در حدود ۷,۰۰۰ مسجد را مرمت کرده و ۹۰۰ مسجد تازه و ۴,۶۰۰ حمام ساخته، بیش از ۵۵,۰۰۰ کیلومتر راه فرعی ایجاد کرده، بیش‌از ۲۰,۰۰۰ دهنه پل ساخته یا مرمت کرده، قریب ۸,۰۰۰ قنات را لاروبی نموده، بیش از ۸,۰۰۰ قطعه مزرعه نمونه احداث کرده، در حدود یک میلیون ونیم نهال کاشته، ۷,۵۰۰ انجمن خانه ومدرسه تشکیل داده و در روستاهای خود بیش از ۳,۰۰۰ صندوق پست دائر کرده‌اند. از بدو تشکیل خانه‌های انصاف نیز قسمت مهمی از کار این خانه‌ها بعهدهٔ این سپاهیان گذاشته شده است.

توجه به هزینه‌های مربوط به سپاه دانش نشان میدهد که این سپاهیان با حداقل هزینه ممکن پای تعلیم و تربیت را بروستاها باز کرده‌اند. طبق محاسبه مقامات مسئول آموزشی تحصیل هر دانش‌آموز در دبستانهای سپاهیان دانش بطور متوسط کمی بیش از هزار ریال خرج برمیدارد، درصورتیکه این هزینه برای مدارس عادی بطور متوسط سه هزار ریال برآورد شده است. باید متذکر بود که در عین حال کار احداث دبستانها وسایر فعالیتهای محلی تقریباً برایگان انجام میگیرد و هزینه‌ای بدولت تحمیل نمیکند.

تنها در سال تحصیلی ۱۳۴۴ - ۱۳۴۵ در دبستانهای عادی و دبستانهای سپاهیان دانش در مناطق روستائی کشور جمعاً در حدود ۱٬۳۲۰٬۰۰۰ دانش‌آموز مشغول تحصیل بوده‌اند. با توجه باینکه قبل از شروع کار سپاه دانش تعداد دانش‌آموزان مناطق روستائی ۶۷۵٬۰۰۰ بوده، روشن میشود که ۶۴۵٬۰۰۰ نفر اضافی در این مدت بدست این سپاهیان تعلیم یافته‌اند.

طبق همین آمار، در روستاهای کشور در درجهٔ اول دختران نوآموز از امر تعلیم بهره‌مند شده‌اند. تا قبل از تشکیل سپاه دانش، در شهرها در برابر هر یکهزار پسر دانش‌آموز ۴۳۸ دختر در مدارس مشغول تحصیل بوده‌اند، در حالیکه در روستاها در برابر هر هزار پسر فقط ۲۲۵ دختر بدبستان میرفته‌اند، یعنی بیش از ۷۷ در صد آنان بعلل مختلف بخصوص جهالت پدر و مادر از نعمت سواد محروم میماندند. ولی از هنگام شروع کار سپاهیان دانش، در حالیکه در شهرها فقط در حدود ۸ درصد بر تعداد نوآموزان دختر افزوده شده، این نسبت در روستاها از ۲۶ درصد تجاوز کرده است، و چنین قوس

صعودی در تاریخ تعلیمات ابتدائی کشور نظیر نداشته است .

برای آنکه کار سپاهیان دانش ببهترین وجهی انجام یـابد ، بدانـان اختیارات وسیعی داده شده است . مثلاً هرسپاهی دانش حق دارد برای رفع مشکلات خود مستقیماً با وزیر جنگ یا وزیر آموزش و پرورش مکاتبه کند و این مشکلات را رأساً با آنـان در میان بگذارد و برای حل آنها استمداد بجوید .

در زمینه آشنا کردن روستائیان باصول بهداشت و تنظیف منازل و معابر و اماکن عمومی و بنای ساختمانهای مسکونی و تشکیل انجمنهای ده و تشکیل شرکتهای تعاونی و خشکانیدن مردابهـا و گودالها و بسیار امور دیگر ، سپاهیان دانش پیوسته مربی وراهنمای روستائیان هستند و غالباً مانند برادری دلسوز شریک غمها و شادیهای آنان میشوند . این جوانان پرشور باخود عشق و امید و شادی بروستاهای ایران همراه برده اند ، و شاید چهره واقعی انقلاب ایران را بهتر از آنچه ایشان نشان داده اند نمیشد نشان داد .

* * *

بطوریکه گفته شد ، سپاه دانش ایران برای آن بوجود آمد که مکمل سایر فعالیتهای آموزشی کشور باشد ، بنا براین بـرای آشنـائی کاملتری با نتایج کار این سپاه لازم است درباره این فعالیتها و برنامه ها نیز بطور کلی توضیحی داده شود .

قبلاً تذکر دادم که فعالیتهـای آموزشی تا قبل از آغاز قرن حاضر شمسی در ایران بسیار محدود و ناچیز بود . اولین گزارش رسمی که درین باره در دست ما است مربوط به سال ۱۲۹۰ یعنی پنجاه و پنج

سال پیش است. درین گزارش تعداد کلیه محصلین مملکت اعم از محصلین مکتبخانه ها و مدارس ابتدائی و متوسطه و مدارس علوم دینی فقط ۱۶۰۰۰ نفر برآورد شده ، یعنی نسبت این عده به جمعیت کلی کشور در آن زمان از یک نفر در هزار نفر نیز کمتر بوده است.

درسالنامه آماری سال ۱۲۹۷ شمسی تعداد دانش‌آموزان مدارس رسمی کشور ۲۶۰۰۰ نفر گزارش داده شده ، و این رقم در سال تحصیلی ۱۳۰۳ - ۱۳۰۴ یعنی تنها چهار سال پس از آغاز زمامداری پدرم از ۷۳۰۰۰ تجاوز کرده است. دورانی را که از آن تاریخ تا کنون میگذرد میتوان از نظر آموزشی به‌چهاردوره مختلف که هریک با شرائط متفاوتی همراه بوده اند تقسیم کرد :

دوره اول یعنی بیست ساله ۱۳۰۰ تا ۱۳۲۰ دوران پایه گزاری امر آموزش‌و پرورش در ایران بود. آمارهای سال تحصیلی ۱۳۱۹-۱۳۲۰ حاکی است که در آن سال در ایران ۲۳۳۱ دبستان و ۳۲۱ دبیرستان و ۲۹ دانشسرای مقدماتی و ٦ مدرسه حرفه‌ای دائر بوده ، که رویهم درآنها بیش از ۳۰۰،۰۰۰ نفر تحصیل میکرده اند ، یعنی رقم محصلین نسبت بسال اول این دوره بیش از پنج برابر شده بود .

دوره دوم مربوط به‌سالهای ۱۳۲۰ تا ۱۳۳۲ است. در این دوره باقتضای وضع اجتماعی کلی کشور مسئله تعلیم و تربیت نیز دستخوش بحرانهای گوناگون بود و مشکلات وسیع و متعددی در راه پیشرفت آن وجود داشت . با این وصف در این دوره نیز پیشرفتهای نسبتاً جالب توجهی در این باره حاصل شد ، بطوریکه درسال ۱۳۳۲ تعداد کلی مراکز آموزشی کشور که درسال ۱۳۲۰ ، ۲۷۰۰ بود به قریب ۶۷۰۰ بالا رفته بود و در این مراکز بیش از ۸۷۰،۰۰۰ نفر مشغول تحصیل بودند.

دوره سوم یعنی دهساله ۱۳۳۲ تا ۱۳۴۱ را میتوان دوران پی ریزی وضع جدید آموزش وتعلیم و تربیت در ایران دانست ، درین ده سال، بر اثر امنیت و ثبات سیاسی کشور و با اعتبارات وسیعی که به توسعهٔ آموزش اختصاص داده شد پیشرفت بیسابقه‌ای در امرآموزش و پرورش در مملکت حاصل گردید. درسال آخر این دوره ، یعنی درسال انقلاب ششم بهمن ، تعداد دبستانها و دبیرستانها و مدارس حرفه‌ای در ایران از ۱۴۰۰۰ و رقم محصلین کشور از دو میلیون نفر تجاوز کرده و شماره دانشجویانی که در مدارس عالیه داخلی کشور بتحصیل اشتغال داشتند به قریب ۲۵۰۰۰ بالغ شده بود. در این دورهٔ ده ساله برای بهبود کیفیت سازمانهای آموزشی و تجهیز مدارس کشور بصورتی که جوابگوی احتیاجات اجتماعی و اقتصادی جدید مملکت باشد ، و درزمینه تجهیز مدارس فنی و حرفه‌ای باوسائل مدرن و تربیت متخصصان و کارشناسان کوششهای قابل ملاحظه‌ای صورت گرفت. طی این مدت تعداد دانش آموزان مدارس ابتدائی ۱۳۵ درصد وتعداد دانش‌آموزان دبیرستانها ۲۲۳ درصد افزایش یافت و عده محصلین مدارس حرفه‌ای و فنی بیش از ۱۰۰۰ درصد شد. نسبت کودکانی که به‌سن تحصیل رسیده ووارد دبستانها شده بودند در شهرها به ۷۴ درصد رسید ، ولی متأسفانه هنوز این رقم در مناطق روستائی فقط در حدود ۲۴ درصد بود.

آخرین دوره این ادوار چهارگانه آموزشی دوره‌ای است که از بهمنماه ۱۳۴۱ آغاز میشود . درین دوره بود که انقلاب ایران روی به روستاها آورد وکوشید تا بموازات پیشرفتهای کلی آموزشی کشور آموزش و پرورش را مخصوصاً بمراکز دور افتاده و محروم مملکت راه

دهد. یک نتیجه طبیعی این تحول این است که تنها در مدت سه سال اخیر تعداد دانش‌آموزان مناطق روستائی ایران بیش از ۸۳ درصد فزونی یافته است.

معهذا نباید این پیشرفت را منحصر بمراکز روستائی دانست، زیرا درهمین ضمن تعداد دبستانها ودبیرستانهاومدارس فنی وحرفه‌ای و دانشگاهها، و نیز تعداد دانش آموزان و دانشجویان درسراسر کشور منظماً افزایش‌یافته است. طبق آخرین آماری که دردست‌است، تنها در عرض این چهارسال تعداد دانش آموزان مدارس ابتدائی ۴۸ درصد، تعدادمحصلین مدارس متوسطه ۵۱ درصد، تعداد دانشجویان مدارس فنی و حرفه‌ای ۶۵ درصد و تعداد دانشجویان مدارس عالی ۱۸ درصد افزایش یافته، بطوریکه رقم کلی تعداد محصلین کشور درسال جاری از سه میلیون‌نفر تجاوزکرده است. درهمین‌مدت، بدون احتساب سپاهیان دانش، تعداد آموزگاران ۲۷ درصد، تعداد دبیران ۳۰ درصد و تعداد استادان و معلمان مدارس عالی ۵۳ درصد افزایش یافته است.

مقارن با این تحولی که از لحاظ کمیت در تعداد مراکز تحصیلی و معلمان و دانش آموزان و دانشجویان کشور روی داده، مسئولان امور آموزشی کشور مأموریت یافتند که از نظر کیفیت نیز در امر تعلیم وتربیت تحولی عمیق واساسی‌بوجود آورند که اساس‌آموزش ایران را بطوریکه بارها در سخنان خود متذکرشده‌ام بکلی‌دگرگون سازد وآنرا بصورتی درآورد که ازهرحیث بااحتیاجات والزامات‌جامعه نوین ایرانی مطابقت داشته باشد، زیرا باید بصراحت گفت که‌برنامه آموزشی که درگذشته مورد اجرا بود ازبسیاری جهات با این شرائط

تطبیق نداشت . در سیستم جدید میباید روح و مفهوم انقلاب ایران اساس کار قرار گیرد ؛ میباید جنبه های مختلف تعلیم و تربیت خیلی بیشتر جوابگوی مقتضیات جدید اجتماعی و اقتصادی جامعه ایرانی باشند ؛ میباید به استعداد های مختلف در هر رشته ای با بهترین صورت توجه‌شود ودر پرورش آنها اقدام گردد وبدانها امکان بروز وتجلی داده شود ؛ تعلیمات حرفه‌ای توسعه خیلی زیادتری پیدا کند و جنبه تخصصی آموزش بیشتر شود ؛ روح سازندگی وحس ابتکار و نوسازی وروح همکاری اجتماعی پرورش بسیار کاملتری یابد ؛ درعین‌حال میباید آموزش‌ما براساسی‌صورت گیرد که شخصیت جوانان وحس اعتماد بنفس را درآنها ازهرجهت پرورش دهدوآنانرا افرادی بار بیاورد که بمسئولیت سنگین خویش در پیش بردن مادی ومعنوی اجتماع ازهرجهت واقف باشند واین مسئولیت را با علاقه ومیل استقبال کنند.

اکنون شورای خاصی که بمنظور مطالعه و بررسی کامل این جنبه ها و پیشنهاد نظام جدیدی برای آموزش وپرورش ایران تشکیل شده است برنامه های خودرا تنظیم کرده وآنها را برای اظهارنظر در اختیار معلمان و صاحبنظران و کارشناسان مختلف امور آموزشی قرار داده‌است تا ازمجموع بررسیهائی که درباره‌سازمان مدارس وبرنامه های تحصیلی‌ودوره‌های راهنمائی تحصیلی‌وتحصیلات نظری‌وفنی وحرفه‌ای صورت میگیرد طرح نهائی برای کلیه شئون آموزشی و پرورشی کشور تنظیم گردد.

درین مورد مخصوصاً باید در امر توسعه تعلیمات حرفه‌ای کمال کوشش بعمل‌آید ، یعنی ازیکطرف آزمایشگاهها و کارگاههای‌مدارس فنی وحرفه‌ای موجود با وسائل کار بهتر و بیشتری مجهز شوند ، و از

طرف دیگر در تأسیس مراکز و کارگاه‌های حرفه‌ای تازه اقدام گردد. پیشرفتهائی که تاکنون درین رشته حاصل شده درحد خود رضایت‌بخش است، زیرا بموجب آماری که در دست است تعداد مدارس حرفه‌ای کشور که درسال ۱۳۳۲ فقط ۶ عدد بوده اکنون به ۱۰۵ رسیده، وتعداد دانش‌آموزان آنها از کمتر از ۸۰۰ نفر در ۱۳۳۲، به بیش از ۱۵۰۰۰ نفر درحال حاضر بالغ شده‌است. ولی این سیر تکاملی، باید چه ازحیث کمیت و چه ازلحاظ کیفیت ازهرجهت وبمقیاس بسیار وسیعتری ادامه یابد. درهمین زمینه طبعاً درسطحی بالاتر نیز میباید کوشش لازم برای تربیت متخصصین درجه اول امور فنی و صنعتی مبذول گردد که قسمتی از این منظور با اجرای برنامه های دانشگاه صنعتی آریامهر تأمین خواهد شد، ولی بدیهی است که درین رشته هر روز کوشش بیشتری بکار خواهد رفت تا کادر متخصص فنی اجتماع آینده ایران از هر جهت تأمین گردد.

* * *

اکنون میباید در بارۀ جنبه بین‌المللی کار سپاه دانش ایران، یعنی در باره نهضت جهانی پیکار با بیسوادی نیز توضیح مختصری داده شود.

قبلاً گفته شد که در هنگامی که ما در ایران تصمیم بایجاد سپاهی بنام سپاه دانش گرفتیم، بیش ازهشتاد درصد از مردم کشورما بیسواد بودند. این رقم زنگ خطری چه برای مصالح اجتماعی وملی ما و چه برای وجدان انسانی ما بود، ولی درعین‌حال مامتوجه بودیم که درسرزمینهای پهناوری ازجهان نه تنها وضع ازوضع‌ما درین‌مورد

بهتر نیست بلکه بسیار بدتر از ان است. آمارهائی که قبلاً توسط سازمان جهانی یونسکو تهیه شده بود نشان میداد که در برخی از نقاط آسیا وافریقا نسبت بیسوادان از ۹۰درصد کل جمعیت کشورتجاوز میکند و حتی نقاطی هست که درآنهاتا ۹۹ در صد مردم بیسوادند. همین آمار ها حکایت میکرد که تعداد سالمندان بیسواد در دنیا بتنهائی‌از ۷۰۰ میلیون نفر متجاوز است و رقم کلی بیسوادان دردنیای امروز حتی از یک میلیارد نفر بالاتر میرود.

گمان میکنم از آنچه درفصول گذشته این کتاب شرح داده‌شد، کاملاً روشن شده باشد که انقلاب ما در درجه اول یک انقلاب بشری و انسانی است که بخصوص براساس تأمین حقوق توده های محروم تکیه دارد. لازمه چنین انقلابی طبعاً این است که ازهرگونه خودخواهی وتنگ نظری بدور باشد و پیشرفت خویش را نه تنها درچهارچوب منافع ملی خود بلکه در پیشرفت همه جامعهٔ انسانی خواستار شود. اگر ما میخواستیم براساس مفهوم روح انقلاب خود بلای بیسوادی را از جامعه ایرانی ریشه کن کنیم، ولی راضی میشدیم که درمورد مناطق پهناوری ازجهان شاهدی بیطرف وبی‌اثر در بقای چنین وضع ناگواری باقی بمانیم، در آن صورت نمیتوانستیم ادعا کنیم که انقلاب ما بمفهوم اصیل خود تحقق یافته‌است.

امروز همه جوامع جهان چون حلقه های زنجیری بیکدیگر پیوسته‌اند. بنا براین دردنیای کنونی دیگرنمیتوان به‌تحقق اصلاحات اساسی و اجتماعی در یک نقطه ازجهان توجه داشت بی‌آنکه ارتباط طبیعی وجبری این تحول با آنچه درسایر نقاط جهان میگذرد در نظر گرفته شود.

این حقیقت بخصوص در مورد اصلی از انقلاب ما که به مبارزه با بیسوادی مربوط میشد صادق بود ، زیرا اصول دیگر این انقلاب از قبیل اصلاحات ارضی ، بهبود وضع کارگران، ملی شدن جنگلها ومراتع، اصلاح قانون انتخابات وغیره بیشترجنبه داخلی داشت ، درصورتیکه امر مبارزه با بیسوادی در درجه اول یک مسئله جهانی بود. با توجه بمجموع این نکات احساس کردم که اگر بخواهیم این اصل از انقلاب ایران بصورت کامل آن تحقق یابد ، میباید دراجرای آن از حدود ملی و جغرافیائی ایران دورتر برویم وآنرا درکادری جهانی وبشری مورد آزمایش قراردهیم . ما بعنوان وارث سنن عالیه معنویت فرهنگ کهنسال ایران ، نمیتوانستیم قبول کنیم که بین بیسوادان کشور ما با سایر توده های بیسواد مناطق پهناوری ازجهان از حیث حقوق انسانی فرقی وجود باشد .

بنا براین درسال ۱۳۴۳ تصمیم گرفتم تجارب رضایت بخشی را که ما ازسپاه دانش خود گرفته بودیم داوطلبانه دراختیار سایرجهانیان قرار دهیم و برای تأمین موفقیت بیشتری دربهبود وضع بیسوادان جهان کاری کنیم که کوششهائی که درین زمینه ازطرف سازمان جهانی یونسکو و مراکز آموزشی کشور های مختلف انجام میگیرد از صورت یک کار جاری و روزمرهٔ اداری خارج شود و بصورت یک نهضت هماهنگ و پرتحرک جهانی درآید که بتواند حد اکثر نیروهای ملی و بین المللی را در راه پیکار جهانی با بیسوادی بسیج کند.

درین باره قبلا کوششهای شایان تحسین ولی پراکندهای در جهان صورت گرفته بود . درماده ۲۶ اعلامیه جهانی حقوق بشر

تصریح شده بود که حق آموزش ازحقوق اساسی انسانی است وبهمین جهت سازمان آموزشی وعلمی وفرهنگی ملل متحد یعنی سازمانی که «یونسکو» نامیده میشود از بدو تأسیس خود یکی از هدفهای اساسی خویش را توسعه آموزش قرار داده بود. در شانزدهمین اجلاسیه عمومی سازمان ملل متحد درسال ۱۳٤۰ طبق قطعنامه این سازمان، یونسکو مأمور شد که در بارهٔ مبارزه با بیسوادی مطالعات لازم کرده ونتیجه را در اجلاسیه بعد باطلاع سازمان ملل متحد برساند. این مطالعات واقعیات ناراحت کنندهایرا برای همه روشن کرد، یعنی نشان داد که درحال حاضر دو پنجم از تمام افراد بالغ جهان بکلی بیسوادند و بدتر ازآن اینکه براثر ازدیاد نفوس جهان، با تمام کوششهائی که در راه تعمیم آموزش اطفال بعمل میآید، هرساله ۲۰ تا ۲۵ میلیون نفر بافراد بیسواد جهان افزوده میشوند. تحقیقات یونسکو معلوم کرد که در ۱۸ تا ۳۲ کشوری که درآن موقع به پرسشنامه های این سازمان پاسخ دادند، ازجمعیت کلی این کشورها که ٦۳۵ میلیون نفر بود فقط ۳ درصد از افراد بالغ مشغول تحصیل بودهاند.

درسال ۱۳٤۲ براساس گزارش جامع مدیر کل یونسکو قطعنامه مهمی در اجلاسیه سازمان ملل متحد بتصویب رسید که درآن نگرانی عمیق این سازمان جهانی از اینکه درنیمه دوم قرن بیستم هنوز بیش از دوپنجم از تمام جمعیت بالغ روی زمین بکلی بیسواد هستند و اینکه نسبت افراد بیسواد دربسیاری ازکشورهای افریقا و امریکای لاتین وآسیا بین ۷۰ تا ۹۰ درصد جمعیت این کشورهاست ابراز شده و از همه ممالک عضو سازمان ملل متحد در هر مرحله از پیشرفت اجتماعی و اقتصادی که هستند و ازکلیه سازمانهای آموزشی غیر دولتی

در سراسر جهان دعوت شده بود که کمال کوشش خودرا برای مواجهه با این وضع ناگوار بکار برند. درین قطعنامه ازسازمان یونسکو دعوت شده بود که با مطالعات لازم راههای عملی مبارزه با بیسوادی و هزینه‌های آنرا طی گزارشی برای اقدام مقتضی باستحضار اجلاسیه بعدی سازمان متحد برساند.

وقتی که ماتصمیم بتشویق یک نهضت جهانی پیکار بابیسوادی گرفتیم وضع درین مرحله بود. همه متوجه شده بودند که میبایست درین باره کوششی در مقیاسی بسیار وسیعتر از آنچه تاکنون شده بود صورت گیرد، ولی عملاً این کارفقط از راه‌های عادی و اداری صورت میگرفت، درصورتیکه توفیق واقعی در انجام چنین مبارزه‌ای عظیم و جهانی مستلزم جنبش همه جانبه‌ای بود که گذشته از سازمانهای اداری همهٔ امکانات بین‌المللی وهمکاری بیقیدو شرط افکار عمومی را درتمام‌جهان در بر گیرد، و این تلاش را واقعاً بصورت یک جهاد بشریت قرن‌حاضر در آورد.

ما افتخار داریم که برای نخستین بار زنگ آغاز چنین نهضتی را بصدا در آوردیم، وجریان فعالیتها وموفقیتهای بعدی نشان داد که این کوشش تا چه حد جوابگوی ضروریترین و حیاتیترین احتیاجات بشریت امروز بوده است.

در آستانه تشکیل سیزدهمین کنفرانس عمومی یونسکو درمهر ماه سال ۱۳۴۳، پیامهائی شخصی برای پادشاهان و رؤسای جمهوری کلیه کشورهای جهان فرستادم و باتشریح ضرورت حیاتی یک همکاری بین‌المللی درامر مبارزه با بیسوادی از ایشان دعوت کردم که درین

باره منتهای کوششی را که سازمان یونسکو و همه مردم نیک اندیش جهان انتظار دارند مبذول دارند . درین پیام متذکر شدم که وجود یک میلیارد نفر بیسواد در عصر حاضر نه تنها یک سند محکومیت اخلاقی برای سایر مردم جهان است ، بلکه از جنبهٔ مادی و اقتصادی نیز چنین وضعی بزیان جامعه بشری تمام میشود ، زیرا وجود این عده بیسواد مرادف با اتلاف انرژی عظیم یک ثلث از افرادبشری است که استعدادهای خلاقه آنان براثر بیسوادی و بی اطلاعی بیحاصل میماند و از این راه جامعه انسانی را از یک سرمایه گزاری وسیع اقتصادی محروم میسازد . همچنین تذکر دادم که وجود این فاصلهٔ عظیم بین تودهٔ بیسوادان جهان و طبقات پیشرفته خطری است که همواره در کمین صلح وتفاهم بین المللی است، وبنا بر این هر کوششی که برای از میان بردن چنین تبعیضی بعمل آید در واقع خدمتی است که بصلح جهانی شده است .

در پیامی که بلافاصله بعد از آن به مجمع عمومی یونسکو در پاریس فرستادم ، باتشریح همه این مراتب از وزرای آموزش وپرورش کشورهای عضو یونسکو دعوت کردم که بمنظور تبادل نظر وسیعی درامر مبارزه جهانی با بیسوادی و ترتیب دادن وسائل یک همکاری مؤثر بین‌المللی درین باره ، کنگره خاصی تحت سرپرستی سازمان یونسکو در تهران تشکیل دهند تا ضمناً ازین فرصت برای آشنائی با طرزکار سپاه دانش ایران و تجارب حاصله از کار دو ساله این سپاه استفاده نمایند .

پیامی که به‌سران کشورهافرستادم بااستقبال صمیمانه وگرم ایشان مواجه شد ، و دعوت از وزرای آموزش و پرورش کشور های عضو

یونسکو نیز با قطعنامه ای که با تفاق آراء از طرف این سازمان صادر شد مورد قبول قرار گرفت . درنتیجه در شهریور ماه سال ۱۳۴۴ نخستین کنگره مبارزه با بیسوادی تحت نظر سازمان بین المللی یونسکو بامیزبانی کشور ایران در تهران تشکیل گردید .

این کنگره باظهار خود یونسکو یکی از موفقیت آمیزترین مجامع فرهنگی عصر حاضر بود ، ومسلماً علت اساسی این موفقیت این بود که اعضای آن عظمت معنوی و انسانی هدفی را که بخاطر آن گرد آمده بودند احساس میکردند . این کنگره برای تأمین منافع سیاسی یا اقتصادی خاصی تشکیل نشده بود ، بلکه بخاطر بشریت و بنام عالیترین اصول وموازین انسانی تشکیل شده بود و بنا براین طبیعی بود که در آن روح تفاهم وهمکاری از هرمجمع دیگری که با هدفی جز این تشکیل میشود بیشتر حکمفرما باشد .

در نطق افتتاحیه این کنگره پیشنهادی از جانب من مطرح شد که بامصالح عالیه جامعۀ بشری کاملا تطابق داشت . در این پیشنهاد توصیه شده بود که کشورهای جهان قسمت محدودی از اعتبارات نظامی سالانه خود را برای کمک به امر مبارزه جهانی با بیسوادی در اختیار سازمان یونسکو قرار دهند تا از این راه بحصول پیروزی در یکی از بزرگترین پیکارهای عالم بشریت کمک کرده باشند .

درین نطق ارقامی ذکر شده بود که بخوبی اهمیت و تأثیر چنین اقدامی را نشان میداد . طبق این ارقام ، هزینه نظامی در سال ۱۹۶۲ در دنیا از ۱۲۰ میلیارد دلار متجاوز بوده ، که مسلماً این رقم درحال حاضر از این خیلی بیشتر است . اگر محاسبات کارشناسان را در باره مخارج آموزش بیسوادان ملاک قرار دهیم ، روشن میشود که

تنها $\frac{1}{30}$ ازمخارج نظامی سالانه جهان - حتی بمقیاس سال ۱۳۴۱- برای با سواد کردن ۷۰۰ میلیون نفر بیسواد دنیا کافی است - ۱۲۰ میلیارد دلار درسال یعنی ۱۳ میلیون دلار درهرساعت ، بنابراین کافی است که هرکشور درعرض سال تنها ازهزینه نظامی چند ساعت خود بنفع این هدف صرفنظر کند تا این اعتبار در راه یکی از ثمربخش ترین سرمایه گزاریهای تاریخ ، یعنی درراه صلح وسعادت جامعه انسانی بکار افتد.

این پیشنهاد با همه جنبه انقلابی آن درقطعنامه های نهائی کنگره که باتفاق آراء بتصویب رسید مورد تائید قرار گرفت. قسمتی از متن یکی از این قطعنامه ها چنین است : « کنگره جهانی وزرای آموزش و پرورش..... با توجه به عظمت و اهمیت وظائف مربوط به مبارزه جهانی بابیسوادی ، و وسعت منابع انسانی و مصالح ومواد و وسائل فنی که باتوسل بدانهامیتوان بیسوادی‌را ریشه کن نمود... از سازمان ملل و سازمانهای اختصاصی وابسته بدان و در درجه اول ازیونسکو ، ازسازمانهای منطقه‌ای که باتوسعه و عمران بطوراعم و با آموزش و پرورش بطور اخص ارتباط دارند ، از مؤسسات مذهبی و اجتماعی وفرهنگی ، از بنیادهای ملی وبین‌المللی اعم ازدولتی وغیر دولتی ، ازمربیان ، دانشمندان ، علماء ، رؤسا و رهبران اتحادیه‌های اصناف وتمام افراد نیک‌اندیش جهان دعوت میکند.... اولاً تصریح و تأکید نمایند که برنامه مبارزه با بیسوادی جزء اصلی و لایتجزای هرنوع طرح عمرانی درتمام ممالکی‌است که درآنها هنوز مشکل بیسوادی وجود دارد ، ثانیاً تاحد امکان وهمچنین بمقتضای محیط برای جهاد برضد بیسوادی بافزایش منابع‌ملی وبین‌المللی قابل دسترسی بپردازند،

ثالثاً درمورد تهیه منابع تکمیلی واضافی برای توسعه و عمران بطوراعم و برای تعمیم سواد بطور اخص امکانات و تسهیلات لازم فراهم آورند و با کاهش مخارج نظامی و نظایر آن بودجهٔ بیشتری برای مبارزه با بیسوادی تأمین کنند ، رابعاً برای روشن شدن اذهان عمومی نسبت بمفهوم جدیدآموزش بزرگسالان ازتمام وسائل واطلاعات تحت‌اختیار خود حداکثر استفاده را بنمایند. »

علاوه براین قطعنامه های مزبوراعلام میداشتند که تعمیم سواد جزء لاینجزای هر برنامهٔ توسعه میباشدواز همهٔ سازمانهای بین‌المللی و دولتی وغیردولتی‌وسازمانهای ملی خصوصی وعمومی‌دعوت مینمودند که درانجام این هدف عالی کمکهای مادی ومعنوی لازم را بنمایند. همچنین ازدولتها خواستارشده بودند که مبالغ قابل توجهی‌منجمله قسمتی ازمخارج نظامی خود را برای از بین بردن بیسوادی اختصاص دهند. این قطعنامه ها اندکی بعد در بیستمین دوره اجلاسیه سازمان‌ملل‌متحد مورد تأیید واقع شد که قطعنامه براساس اصول زیر تصویب نمود:

بیسوادی مسئله‌ای جهانی است که باتمام بشریت ارتباط دارد: تعمیم سواد یکی ازعوامل اساسی توسعه اقتصادی میباشد؛ اکنون موقع آن فرا رسیده است که همه کشورهای عضوسازمان ملل متحد دراسرع اوقات ممکن کوشش مجدانه ومنظمی را بمنظور ریشه کن کردن بیسوادی درجهان بعمل آورند؛ ازکلیه دولتهای جهان دعوت میشود که امکان افزایش اعتبارات مخصوص تعمیم سواد را درزمینهٔ ملی و بین‌المللی با توسل به منابع مختلف در نظر بگیرند.

کشورایران افتخار دارد که همچنانکه در امر پیشنهاد تخصیص قسمتی از اعتبارات نظامی ممالک بامر مبارزه با بیسوادی پیشقدم بوده،

نخستین کشوری بوده که عملاً نیز در اجرای این نظر اقدام کرده‌است. برای این کار، در آغاز سال جاری ایرانی یعنی بمحض آنکه بودجهٔ کشور بتصویب پارلمان ایران رسید، ما بسازمان یونسکو اطلاع دادیم که معادل ۷۰۰۰۰۰ دلار از بودجهٔ نظامی ایران را بمنظور کمک بامر مبارزه جهانی با بیسوادی در اختیار آن سازمان قرار خواهیم داد. مراسم اهدای این مبلغ در جریان برگزاری چهاردهمین کنفرانس عمومی یونسکو که درآبان ماه سال ۱۳۴۵ درپاریس تشکیل شد انجام گرفت. مایه‌خوشوقتی ما است که تاکنون چند کشور دیگر نیز در این باره اقدام کرده اند، و امید میرود که دیگران هم این راه را ادامه دهند.

در همین کنفرانس، یونسکو تصمیم گرفت هیئتی مرکب از هجده نفر از صاحبنظران و متخصصان بین‌المللی‌امر مبارزه بابیسوادی بنام «کمیته جهانی پیکار با بیسوادی» تشکیل دهد تا مستمراً پیشرفت نهضت پیکار با بیسوادی را در جهان تحت نظر داشته باشند و مانع بروزکندی یا وقفه‌ای در این نهضت گردند. همچنین روز هفدهم شهریورکه روزگشایش کنگره جهانی تهران بود از طرف این مجمع روز بین‌المللی مبارزه بابیسوادی اعلام شد.

بدین ترتیب بود که اصل ششم انقلاب ایران یعنی اصل تشکیل سپاه دانش با تحرك و جهش بینظیری که داشت از مرزهای جغرافیائی ایران فراتر رفت و در مدتی کوتاه بصورت یک نهضت‌جهانی درآمد که امید است حاصل آن برای توده‌های بیسوادان ایران و جهان، نجات از جهالت یعنی از آن کابوسی باشد که بقول شکسپیر «هیچ تاریکی از آن تاریکتر نیست».

۷

سپاه بهداشت

ایجاد سپاه بهداشت و سپاه ترویج و آبادانی و تشکیل خانه های انصاف، سه اصلی بود که بعد از اعلام و تصویب اصول ششگانه انقلاب بدین اصول افزوده شد ، و بدین ترتیب تعداد اصول انقلاب را به نه اصل افزایش داد .

سپاه های بهداشت و ترویج و آبادانی بر همان اساس کلی بوجود آمدند که قبلاً سپاه دانش بوجود آمده بود، و جوابگوی همان احتیاجاتی در دو رشته بهداشتی و عمرانی بودند که سپاه دانش در رشته آموزشی پاسخگوی آنها بود . افراد این سه سپاه از همان آغاز کار « سپاهیان انقلاب » لقب گرفتند و هر یک قسمتی از مظاهر ترقی و سازندگی را با خود بروستاهائی بردند که تا همین چندسال پیش غالباً در شرائط قرون وسطائی بسر میبردند.

سپاه بهداشت طبق فرمانی که در اول بهمن ماه ۱۳۴۲ صادر کردم بوجود آمد . در این فرمان تصریح شده بود که : « بمنظور تعمیم آسایش جسمی و مداوای مرضی و بهداشت عمومی، سپاهی از پزشکان فارغ التحصیل ولیسانسیه و دیپلمه بنام سپاه بهداشت تشکیل میشود که بطور گروههای سیار در دهات و نقاط بی بهره از امکانات بخدمت مشغول گردند . » همچنانکه در مورد سپاه دانش تذکر داده شد،

تشکیل سپاه بهداشت نیز نه تنها اقدامی بود که بر اساس روح و مفهوم انقلاب ایران انجام گرفت ، و نه فقط پاسخگوی یک احتیاج حیاتی جامعه نوینی بود که در کشور ما پی‌ریزی میشد ، بلکه در عین حال منطبق با عالیترین سنن تاریخی و مدنی ایران بود، و اگر بتوان براساس معتقدات مذهبی ایرانیان باستان به سپاهی نام سپاه یزدانی داد در همین مورد است ، زیرا که بموجب اصول این آئین، بیماری و نا تندرستی یکی از مظاهر نفوذ اهریمن بود و هرکس که درراه‌مبارزه‌با آن وبازگرداندن سلامت مردم میکوشید ، در واقع در راه پیروزی یزدان کوشیده بود.

توجه خاص بعلم پزشکی و به اصول بهداری و بهداشتی همواره یک وجه مشخص تمدن ایرانی بوده است و این توجه در فصول مختلف تاریخ باستانی ایران بخوبی منعکس است . یک سند تاریخی جالب که اکنون بصورت کتیبه‌ای در موزه واتیکان‌نگاهداری میشود بنحو بارزی از این توجه حکایت میکند . نویسنده این سند کاهن یکی از معابد بزرگ مصر قدیم بوده و کتیبه مورد بحث که توسط آدریانوس قیصر روم از مصر به رم انتقال یافته بود چندی پیش در « تیوولی » نزدیک این شهر بدست آمد . درین سند چنین نوشته شده است:

« شاهنشاه داریوش ، پادشاه مصر علیا ومصر سفلی ، هنگامی که من در دربار او بسر میبردم ، بمن امر فرمود که به مصر روم ودر پایتخت آن مدرسه پزشکی بسازم‌و وسائل تحصیل دانشجویان‌مصری را در آنجا فراهم کنم. بمصر رفتم و چنان کردم که شاهنشاه فرموده

بود. برای این دانشگاه کتاب و ادوات لازم فراهم کردم و جوانان را بدانجا خواندم و آنانرا برای تعلیم بدست استادان کاردان سپردم، زیرا شاهنشاه فایده پزشکی را بخوبی میدانست و میخواست که ازین راه جان بیماران مصری را نجات بخشد.»

این توجه خاص بعدها در خود ایران بصورت ایجاد بزرگترین مرکز پزشکی آن عصر یعنی دانشگاه معروف گندی شاپور تجلی کرد. درین دانشگاه نه تنها متن و تفسیر یک کتاب کامل از اوستا که اختصاص به علم طب داشت تدریس میشد، بلکه علاوه بر کتبی که درخود ایران در رشته‌های مختلف پزشکی تألیف شده بود ترجمه مهمترین کتب طبی یونانی و هندی و غیره نیز مورد استفاده بود. حتی انوشیروان ساسانی، برزویه معروف را در رأس هیئتی از دانشمندان ایرانی به هندوستان فرستاد تا بهترین آثار علمی این کشور و در درجه اول کتب پزشکی آن را تهیه کنند و برای این دانشگاه بیاورند.

دانشگاه گندی شاپور مدت چند قرن بزرگترین مرکز پزشکی بود و حتی در آغاز عصر اسلامی نیز این مقام خود را حفظ کرد، بطوریکه از اطراف و اکناف برای معالجه و تحصیل بدان روی میآوردند. وقتی هم که هارون الرشید خلیفهٔ عباسی تصمیم بتأسیس بیمارستانی در بغداد گرفت، این کار را باستادان پزشک و داروساز دانشگاه گندی شاپور محول کرد. پس از ایجاد این بیمارستان نیز همان استادان را غالباً باجبار برای تدریس در آن به بغداد بردند.

شاید سهم عظیم دانشمندان طب ایران در فرهنگ و علوم اسلامی و از آن راه در علم و فرهنگ مغرب زمین از فرط وضوح احتیاجی به یادآوری نداشته باشد. درطول ده قرن، کتاب قانون

ابن‌سینا بعنوان مهمترین اثر مدون علم طب در سراسر دنیای اسلام و حتی در دانشگاههای بزرگ غرب تدریس میشد ، ونسخه‌های چاپی این کتاب که چهار قرن پیش در شهر رم بچاپ رسید بقیمت گزاف دست بدست میگشت .

در دانشگاه تهران دانشکده طب نخستین دانشکده‌ای بود که شروع بکارکرد و این دانشکده همچنان از لحاظ تعداد دانشجویان و وسعت لوازم کار مهمترین دانشکده‌های این دانشگاه است . در غالب دانشگاه‌های دیگر ایران نیز توجه خاصی به تحصیلات طبی مبذول میشود .

ولی آن کاری که با تشکیل سپاه بهداشت انجام گردید این بود که حاصل این تحصیلات و تجارب پزشکی مورد استفاده توده‌های وسیعی قرار گیرد که در درجه اول در نقاط گمنام و دور افتاده کشور بدان احتیاج داشتند ، زیرا مسلم است کـه بهر حال پـایتخت و شهر های بزرگ کشور ازین حیث دچار مشکل زیادی نیستند . آنچه لازم بود به پیروی از روح و اصل انقلاب ایران برای آن چاره جوئی شود تبعیض فاحشی بود که ازین بابت میان شهر ها و دهات ایران وجود داشت . اگر میبایست پنج اصلی که پیوسته بدان اشاره کرده‌ام ، یعنی بهداشت و خوراک و پوشاک و مسکن و فرهنگ برای همه تأمین شود ، درین صورت طبعاً لازم بود که بهداشت در اختیار همه قرار گیرد ، و ازین حیث شهرنشینان بدون جهت امتیازی به روستانشینان نداشته باشند .

بدیهی است سازمانهای مختلف وزارت بهداری و نیز مؤسسات متعدد خیریه کشور امکانات خود را در این راه بکار برده‌اند ومیبرند .

بودجه وزارت بهداری در سالهای اخیر افزایش فوق‌العاده‌ای یافته و تعداد بیمارستانها و درمانگاه‌ها و مراکز بزرگ و کوچک سال بسال زیادتر شده است. درعین حال مؤسسات خیریه‌ای از قبیل سازمانهای وابسته به شهبانوی ایران و جمعیت شیر و خورشید سرخ ایران و سازمان شاهنشاهی خدمات اجتماعی و سازمانهای متعدد دیگر فعالیتهای وسیعی در این مورد دارند که واقعاً ما یه خوشوقتی است. معهذا همچنانکه در مورد سپاه ترویج و آبادانی نیز تذکر خواهم داد ، انقلاب ایران اقتضا میکرد که ما در این باره به فعالیت‌های اداری و اجتماعی که از راه‌های عادی و جاری صورت میگرفت اکتفا نکنیم ، و برای پاسخگوئی به احتیاجات حیاتی توده های وسیع مردم کشور بخصوص آنهائی که نسبت بدیگران در شرایط نامساعدتری بسر میبرند ، از راه هائی انقلابی وارد شویم. سپاه بهداشت سپاهی بود که بر همین اساس بوجود آمد ، و نظری به نتایج کار این دسته از سپاهیان انقلاب در همین مدت کوتاهی که از آغاز فعالیت آنها میگذرد نشان میدهد که تشکیل این سپاه تا چه اندازه مفید و ثمربخش بوده است ، هرچند که این نتایج در مقابل آنچه مورد انتظار ما است و آن هدف وسیعی که از تشکیل چنین سپاهی در نظر بوده است هنوز بسیار ناچیز است و در واقع قدم اولی در راهی بسیار طولانی بیش نیست.

طبق قانونی که در امر تشکیل سپاه بهداشت بتصویب مجلسین ایران رسید ، این سپاه مرکب شده است از : پزشکان ، دندان پزشکان ، داروسازان ، مهندسان ، بهیاران و دارندگان گواهینامه های لیسانس و فوق لیسانس و دیپلمه‌هائی که خدمت سربازی خود را پس از طی یک دوره چهار ماهه آموزشی در نقاط مختلف روستائی کشور میگذرانند ،

و درین نقاط به معالجه بیماران و پیشگیری بیماریها و ایجاد محیط و شرائط سالم بهداشتی وراهنمائی روستائیان درامور مربوط به تندرستی آنان میپردازند.

اولین دوره افراد سپاه بهداشت درشهریورماه سال ۱۳۴۳ بخدمت احضار شدند. تاکنون نفرات سه دوره اول که جمعاً بیش از ۱۱۰۰ نفر بوده‌اند خدمت خود را بپایان رسانیده‌اند، و نفرات دوره‌های چهارم و پنجم که آنها نیز بر رویهم کمی بیش از ۱۱۰۰ نفر هستند هم اکنون در روستاها مشغول خدمتند و نفرات دوره ششم که ۱۲۰۰ نفر میشوند پیش از پایان سال جاری روانه روستاها خواهندشد.

درحال حاضر بطور کلی درحدود ۵۰۰ واحد پزشکی سیار وثابت و دندان پزشکی و آزمایشگاهی و آموزش بهداشت و کمک مهندسی بهداشت درمناطق روستائی کشور خدمت میکنند. هرواحد سیار پزشکی داروها و وسائل لازم برای سی تا پنجاه قریه را باجمعیتی معادل ده پانزده هزار نفر دراختیار دارد.

بدین ترتیب سپاه بهداشت درحال‌حاضر باواحدهای سیار وثابت پزشکی خود احتیاجات تقریباً ۱۴,۰۰۰ قریه را با جمعیتی بیش از ۵ میلیون نفر جمعیت تأمین میکند.

سپاه بهداشت دارای واحد های مخصوص پزشکی، پزشکان بیماریهای قلب وگوش وحلق و بینی و بیماریهای اطفال، و پزشکان جراح است. برای هرده تادوازده واحد این‌سپاه یک پایگاه مخصوص تدارک و تجهیز واحدها پیش‌بینی شده است که هریک ازآنها دارای آزمایشگاه، واحد دندان‌پزشکی، واحد بهداشت وواحد کمک مهندسی بهداشت است.

وظیفه سپاهیان بهداشت محدود بامور درمانی نیست، بلکه بخصوص امور بهداشتی را شامل میشود. افراد این سپاه کار تلقیح

ضد آبله و دیفتری و سیاه سرفه و کزاز را بمقیاس وسیعی انجام میدهند. همچنین درموارد ضروری این عده وظیفهٔ مهمی درتلقیح سایر واکسن های لازم دارند ، چنانکه تنها در سال ۱۳۴۴ متجاوز از سه میلیون نفر درمناطق روستائی توسط واحد های سپاه بهداشت برضد بیماری وبا تلقیح شدند.

از طرف دیگر این سپاهیان با کمک قسمت مهندسی بهداشت وزارت بهداری عهده دار فعالیت وسیعی در امر حفر چاهها ، نصب تلمبه های دستی ، بهداشتی کردن قنات ها وچشمه ها ، تبدیل حمامهای خزینه به حمامهای دوش ، لوله کشی قراء و سایر امور مربوط به بهداشت روستا ها هستند . جلب اعتماد و علاقه روستائیان بکار افراد این سپاه باعث شده است که همچنانکه درمورد سپاهیان دانش مشهود است خود این روستائیان درغالب موارد به طیب خاطر قسمت عمده ازمخارج کار را برعهده بگیرند، چنانکه تاکنون درقراء مختلفی که مرکز فعالیت گروه های ثابت و سیار سپاهیان بهداشت بوده بیش از یکصد درمانگاه که هزینه‌ساختمان بعضی از آنها از یک میلیون ریال متجاوز شده‌است توسط خود اهل محل ساخته شده ودراختیارواحدهای سپاه بهداشت قرار گرفته است.

آمارهای رسمی وزارت بهداری حاکی است که دردوساله اول کار افراد این سپاه یعنی تاآخر شهریور ماه سال ۱۳۴۵ بیش از چهارمیلیون بار مراجعه بدرمانگاه های سپاهیان بهداشت صورت گرفته و قریب چهار میلیون واکسن توسط این سپاهیان تلقیح شده است.

همین آمار نشان میدهد که درین مدت مأمورین آموزش این سپاه درحدود ۱۷۰۰۰ بار برای مردم روستاها درباره امور بهداشتی

سخنرانی کرده و ۱۵۰۰ حلقه فیلم‌های مخصوصی مسائل بهداشتی برای آنان نمایش داده‌اند . در همین مدت از طرف افراد این سپاه و با کمک اهالی روستاها قریب ۴۰۰۰ چاه آب و بیش از ۱۰۰۰ چشمه یا قنات حفر یا بهداشتی شده ، نزدیک به ۱۵۰ درمانگاه ساخته یا تعمیر شده ، قریب ۱۰۰۰ حمام با اصول بهداشتی ساخته یا اصلاح شده و در ۲۷ قریه لوله کشی آب بعمل آمده است .

علاوه بر سهمیه های عادی لوازم واحد های این سپاه ها ، سهمیه های اضافی داروهای ضد تراخم وسل وجذام و کچلی و راشیتیسم ومقادیر زیادی شیرخشک و دارو های پروتئین دار در اختیار این سپاهیان قرار گرفته است .

مقصود از ذکر همه این اسامی و ارقام این است که بطور کلی نوع کار سپاهیان بهداشت و وظائفی که بعهده دارند و اقداماتی که در بالا بردن سطح بهداشت روستاها انجام میدهند روشن شده باشد .

فعالیت این سپاهیان باعث شده است که بسیاری از روستائیان کشور ما که تا چندی پیش بعلت عدم آگاهی و غالباً عدم اعتماد بسازمانهای دولتی اساساً از مراجعه بپزشک احتراز داشتند و برای دوای درد خود و افراد خانواده خویش بیشتر بسراغ رمال و دعانویس میرفتند ، امروزه نه تنها با سپاهیان بهداشت در امر پیشگیری از بروز بیماریها همکاری میکنند ، بلکه وسیله تسهیل کار ایشان را در اصلاح وضع بهداشتی روستاها داوطلبانه فراهم میسازند ، و این راه به بهبود بهداشت دهات وتقلیل مرگ و میر نوزادان و تأمین سلامت بیشتری برای خود و اعضای خانواده خویش ، و در نتیجه بالا رفتن نیروی کار

و قدرت تولید دردهات ایران کمک میکنند . این مسلماً بهترین ارمغانی است که انقلاب ایران از راه سپاهیان بهداشت خود به جامعه ایرانی داده است .

بدیهی است نظر نهائی ما این است که نه فقط دامنه کار این سپاهیان هرچه بیشتر توسعه یابد ، بلکه تمام شهرها و روستا های ما دارای بیمارستانها و درمانگاههای مجهز گردند و پزشک کافی در اختیار همه آنها قرار گیرد و بوسیله بیمه های گوناگون اجتماعی عموم ایشان در موارد احتیاج امکان استفاده از کلیه وسائل و مراکز طبی لازم را داشته باشند و بدین طریق روز بروز بیشتر محیط ناسالم و پر مرگ ومیر سابق جای خود را به قلمرو تندرستی و کار و پیشرفت بسپارد .

۸

سپاه ترویج و آبادانی

سپاه ترویج و آبادانی که سومین سپاه انقلاب ایران بود طبق فرمانی که در اول مهرماه ۱۳۴۳ صادر کردم ایجاد گردید، وهدف از تشکیل آن تکمیل برنامه‌ای بود که با انجام اصلاحات ارضی آغاز شده بود.

بطوریکه قبلا تشریح شد اصلاحات ارضی وضع کشاورزان ایران را از صورت استثماری گذشته بیرون آورد و مالکیت ارضی و کار کشاورزی را بر پایه تازه‌ای متناسب با اصول عدالت اجتماعی و حقوق انسانی افراد قرار داد و از این حیث نظام مترقی نوینی را جانشین نظامی کهنه و عقب مانده کرد.

ولی آیا کار اصلاحات ارضی با این تحول بپایان رسیده بود؟ خیر! درست بعکس، کار واقعی تازه از این مرحله ببعد آغاز میشد، یعنی در پرتو این وضع جدید بود که میبایست در بالا بردن سطح تولید و بهره برداری کشاورزی و در نتیجه بالا رفتن سطح زندگی روستائی و کشاورز ایرانی اقدام گردد.

این امر مستلزم انجام تحول اساسی و عمیقی در سیستم کشاورزی ایران بود. میبایست کشاورزی ایران از صورت ابتدائی سابق بیرون آید و بدل بیک کشاورزی مکانیزه و کاملاً مدرن بشود. میبایست طرق

تازه‌ای منطبق با جدیدترین اصول فنی جهان بمنظور ازدیاد تولیدات زراعی و دامی مورد عمل قرار گیرد. میبایست روستاها نوسازی شوند و از صورت نامناسب گذشته بصورت مراکزی سالم و کاملاً بهداشتی درآیند. میبایست این روستاها روز بروز بیشتر با شاهراه‌های مملکت ارتباط یابند. میبایست نیروی برق بتمام دهات ایران حتی دور افتاده ترین آنها راه یابد. میبایست صنایع روستائی بصورتی صحیح از حیث کمیت و کیفیت توسعه و بهبود و ترویج یابند. میبایست اطلاعات فنی کشاورزان روز بروز بیشتر شود تا ایشان بتوانند به بهترین صورتی اصول جدید کشاورزی را بکار برند و طبق اصول فنی از کود شیمیائی و آب و برق و غیره استفاده کنند و محصولات خویش را از آفات و امراض زراعتی محفوظ دارند و در امر دامداری که غالباً توأم با کشاورزی است از اطلاعات فنی جدید بهره‌مند گردند. بطور کلی میبایست کشاورزان ایران نو از هر جهت بیاموزند که چگونه میباید بهتر کار کرد و بهتر از زمینی که در اختیار آنهاست بهره برداری کرد و بهتر زندگی کرد.

در تحقق این اصول طبعاً سازمانهای تعاونی کشاورزی یعنی تعاونیهای تولید، تعاونیهای توزیع، تعاونیهای مصرف اهمیت درجه اول دارند و بنا بر این شرکت در این تعاونیها و استفاده از آنها نیز از مسائلی بود که میبایست کشاورزان ایرانی با آن آشنائی یابند، یعنی نه تنها لازم بود ایشان اطلاعات فنی و حرفه‌ای خود را تکمیل کنند و آنها را با شرایط کشاورزی جدید تطبیق دهند، بلکه میبایست طرز فکر اجتماعی آنان نیز براساس مقتضیات دنیای مترقی تغییر یابد.

چنین تحولی کاری بود عظیم که میبایست در مدت محدودی انجام پذیرد، و همچنانکه در مورد سپاه‌های دانش و بهداشت گفته

شد فعالیتهای جاری سازمانهای اداری برای تأمین این منظور کفایت نمیکرد و بنابراین اتخاذ راههائی انقلابی ضرورت داشت. براین اساس بود که تصمیم به تشکیل سپاهی بنام «سپاه ترویج و آبادانی» گرفته شد که افراد آن وظائفی را مشابه با وظائف نفرات دو سپاه دیگر در زمینه های مربوط بکار خویش انجام دهند، یعنی همراه خود عمران و آبادانی و اصول پیشرفته مترقی کشاورزی و طرز فکر نوین اجتماعی را بدهات ایران ببرند.

بارها بمناسبتهای مختلف این نکته را متذکر شده‌ام که کار نوسازی کشور فقط وقتی واقعاً نتیجه بخش میتواند باشد که از کوچکترین واحدهای اجتماعی آغاز شود. براین اساس کار ترویج و آبادانی نیز میبایست نخست قراء وقصبات کشور را در بر گیرد، واین وظیفه‌ای است که برعهده سپاهیان ترویج وآبادانی نهاده شده است. وظائف این افراد بموجب قانون تشکیل سپاه ترویج و آبادانی که از بیست وهشتم دیماه ۱۳۴۳ بمورد اجرا گذاشته شد، وآئین نامه اجرائی این قانون که بنا بر پیشنهاد وزارت کشاورزی و باموافقت وزارتخانه های جنگ وآبادانی و مسکن وکشاورزی واقتصاد و با رعایت امکانات وزارت کشاورزی و وزارت جنگ تنظیم گردیده تعیین میشود.

نخستین دوره سپاهیان ترویج و آبادانی شامل قریب ۵۰۰ نفر لیسانسیه و دیپلمه بود که در ۳۰ اکیپ سرپرستی در ۲۲٤ دهکده مستقر شدند. در دو دوره بعد قریب ۱٤۰۰ سپاهی دیگر بکار پرداختند، بطوریکه تا سال جاری جمعاً قریب ۲۰۰۰ سپاهی ترویج و آبادانی بروستاهای مختلف کشور رفته‌اند.

از زمره وظائفی که بعهده هر سپاهی ترویج وآبادانی محول شده

تنظیم وتکمیل پرسشنامه‌ای بنام «شناسنامه ده» است که نتایج مطالعات سپاهی را در باره اوضاع واحوال طبیعی، اقتصادی ، اجتماعی ، فرهنگی وکشاورزی دهکده شامل میشود. هدف از تنظیم این شناسنامه این است که معلوم شود روستای مورد فعالیت سپاهی از جهات مختلف در چه شرایطی قرار دارد تا وی بتواند برنامه کار خویش را با توجه به مشکلات ومسائل دهکده وساکنان آن در زمینه های مختلف کشاورزی و دامپروری و عمرانی ترتیب دهد و درضمن این اطلاعات را در اختیار وزارت کشاورزی بگذارد.

هر سپاهی ترویج وآبادانی موظف است طی دوره خدمت‌خویش در حوزهٔ عمل خود اقدام باجرای برنامه های آموزشی برای مردم دهکده در امور کشاورزی ودامپروری وبالا بردن منظم سطح اطلاعات زارعین و فرزندان آنها کند. بدین منظور هر سپاهی باید وسیله ایجاد حداقل یکهزار مترمربع مزرعه آموزشی‌را با استفاده از بذری که از طرف وزارت کشاورزی در اختیار او گذاشته میشود توسط خود زارعین ده فراهم سازد و از این مزرعه بعنوان نمونه برای تعلیم نحوهٔ آماده کردن زمین وکشت بذر و برداشت محصول و معرفی بهترین انواع بذرها و طرز مصرف کود شیمیائی و دفع آفات و نحوه صحیح آبیاری و وجین و غیره استفاده کند. همچنین هر سپاهی میباید وسیله ایجاد یک باغ نمونه را با حداقل یکهزار مترمربع مساحت توسط خودزارعین فراهم کند ودرآن کشاورزان وباغداران‌را با نحوه صحیح کاشت‌درختان میوه و تهیه خزانه و روش صحیح پیوند زدن آشنا سازد. هر سپاهی باید درمحل مأموریت خود حد اقل دویست رأس گاو و گوسفند را علیه بیماری‌های دامی شایع درمحل با وسائلی که در اختیار او گذاشته میشود تلقیح کند، همچنین طرز اصلاح اصطبلهای دامی

را از لحاظ رعایت اصول صحیح تهویه و نور و بهداشتی کردن اصطبل بدانها بیاموزد و در نقاطی که برای پرورش زنبور عسل مناسب است کندوهای قدیمی را با کندوهای جدید تعویض کند و روستائیان را با اصول صحیح زنبور داری آشنا سازد . هرسپاهی باید بمنظور حفظ محصولات کشاورزی و دامی از خطر آفات نباتی و آفات دامی سموم مختلفی را که در اختیارش گذاشته میشود با راهنمائی و کمک فنی کارشناسان کشاورزی اکیپ سرپرستی مورد استفاده قرار دهد و طی برنامه های آموزشی ماهیت این آفتها و سمومی را که باید در هر مورد بکار رود و طرز مصرف آنها را بروستائیان بیاموزد . هرسپاهی باید بمنظور آموزش نحوه مصرف کود های شیمیائی و نشان دادن مزایای استفاده از این کودها در افزایش میزان محصول حد اقل در مساحت یکهزار و پانصدمتر مربع محصولات زراعی و زمینهای سبزی کود شیمیائی مصرف کند .

بالاخره هرسپاهی موظف است بمنظور آموزش مسائل زندگی اجتماعی به جوانان روستائی ، حد اقل یک باشگاه بعضویت پانزده تا بیست و پنج نفر از فرزندان کشاورزان تشکیل داده و از طریق انتخاب و اجرای طرحهای کوچک و کارهای تولیدی کشاورزی و دامپروری و اجرای فعالیتهای اجتماعی و دسته جمعی تعاونی آموزش لازم را بدانها بدهد . برای راهنمائی این سپاهیان درطرز تشکیل این باشگاهها نشریه مخصوصی که از طرف سازمان سپاه ترویج و آبادانی چاپ میشود در اختیار هریک از آنها قرار میگیرد .

با چنین برنامه کاری است که اکنون سپاهیان ترویج و آبادانی در هر دوره رهسپار روستاهای کشور میشوند تا همچنانکه سپاهیان دانش و بهداشت با خود سواد و تندرستی را بروستا ها میبرند ، اینان

اصول نوین کشاورزی و آبادانی یعنی پایه های بالا بردن سطح زندگی کشاورزان و روستائیان را برای آنها ارمغان برند و وضع موجود روستاهای ایران را بکلی تغییر دهند وآنها را بصورتی که شایسته جامعه نوین کشور ما است در آورند.

بدیهی است همچنانکه در مورد اجرای سایر اصول انقلاب تذکر دادم ، آنچه تاکنون انجام گرفته از نظر من مقدمه و طلیعه ای در برابر آنچه باید در آینده انجام گیرد بیش نیست . کاری که امروز سپاهیان ترویج و آبادانی انجام میدهند کار پرارزشی است، ولی برنامه واقعی که در اجرای آن سهم مؤثری بدیشان محول شده است برنامه ای بسیار عظیم و سنگین است ، زیرا مأموریت ایشان را فقط وقتی پایان یافته تلقی میتوان کرد که درسراسر کشور روستاهای ما بصورت مراکزی همسنگ جدیدترین روستاهای جوامع مترقی در آمده و از کاملترین ترقیات فنی از لحاظ راه و برق و آب و ساختمانهای بهداشتی و مدارس و ورزشگاهها و کتابخانه ها و سینماها و سازمانهای تعاونی و آموزشی و اجتماعی و بیمه های گوناگون و سایر چیزهائی که لازمه زندگانی مترقی کنونی است برخوردار شده باشند ، و از زمینی که در اختیار دارند با استفاده از بهترین اصول فنی و علمی عصرحاضر بنحو اکمل استفاده برند . مسلماً این توقع بسیار سنگین و میان شرایط و امکانات کنونی ما با تحقق این هدف راهی بس درازفاصله است ، ولی فراموش مکنیم که تحرك و جهش انقلاب ما نیز بهمین اندازه وسیع وهمه جانبه است ، و در این راه گذشته از عنایات الهی اصالت انقلاب ایران و شایستگی و لیاقت ذاتی روستائیان و کشاورزان ایرانی و شهامت و ایمان سپاهیان انقلاب و اراده خلل نا پذیر ملت ما به تحقق کامل انقلابی که باتأیید قاطع خود او صورت گرفته است ضامن نیل بدین هدف خواهد بود.

۹

خانه‌های انصاف

اصل عدالت بمفهوم وسیله احقاق حقوق افراد باندازه تمدن بشری قدیمی است ، زیرا مسلماً از روزیکه افراد انسانی با یکدیگر سر و کار داشته اند برای حل اختلافات خود ناچار از وضع مقررات و اصولی شده‌اند که هرقدر اجتماع وسیعتر و پیشرفته‌تر شده طبعاً این اصول و مقررات نیز دقیق‌تر و پیچیده‌تر شده‌است . شاید بتوان گفت که اساساً قانون و عدالت ـ بهر صورتی که این دو کلمه در ادوار مختلف معنی شده باشند ـ اساس قوام هر حکومت و هر اجتماعی در هر عصر و زمان بوده‌است ، زیرا بهر حال هیچ اجتماعی نمیتواند بدون داشتن قوانینی معین و لازم‌الاجرا زندگی کند . چه مذاهب آسمانی ، چه آثار فلاسفه و حکما و متفکران ، چه پندها و مواعظ نویسندگان و شعرا ، همواره قانون و عدالت را رکن اصلی اجتماع دانسته‌اند.

البته نه‌میتوان گفت که این قوانین همیشه عادلانه و منصفانه بوده‌اند ، و نه میتوان گفت که اجرای آنها همیشه بصورتی بیطرفانه و بیغرضانه انجام گرفته است ، زیرا متأسفانه غالباً در هر عصر و زمانی اقویا کوشیده‌اند تا از راههای مختلف قوانین را بنفع خود بمورد اجرا گذارند و بسود خویش از آنها بهره برداری کنند ، و بدین ترتیب بیشتر اوقات قانون وسیله‌ای برای تأمین امتیازات و منافع طبقات ممتاز بوده و افراد و طبقات پائین اجتماع از برخورداری واقعی از مفهوم آن محروم مانده‌اند .

ما با اجرای نهمین اصل انقلاب ایران کوشیدیم تا در درجه اول این وضع را بکلی تعدیل کنیم ، یعنی طبقه روستائی و کشاورز کشور را باندازه هر طبقه دیگری از نعمت عدالت بهره‌مند سازیم ، و برای اینکار از منطقی ترین راهها اقدام کردیم ، یعنی بجای اینکه روستائی را برای احقاق حق خودش بشهرها و احیاناً به پایتخت بکشانیم عدالت را بنزد او در روستای او بردیم.

قبل از تشریح آنکه این کار انقلابی بچه صورت انجام گرفت و چه نتایجی از آن بدست آمد، میباید همچنانکه در مورد سایر اصول انقلاب ایران تذکر دادم ، این حقیقت را با خوشوقتی متذکر شوم که ما در این راه بر اساس عالیترین سنن تمدن ایرانی و تمدن اسلامی عمل کردیم. البته شاید هیچوقت در اجتماع ایران اجرای عدالت بدین صورت که ما آنرا از محرومترین طبقات و از دورترین روستاهای کشور آغاز کردیم انجام نگرفته بود، ولی بهرحال اصل اجرای عدالت همواره از اصول عالیه حکومت و جامعه ایرانی بوده ، و مایه سربلندی ماست که این حقیقت نه تنها از طرف خودما بلکه بخصوص ازجانب مخالفان و حتی دشمنان گذشته‌ما مورد گواهی قرارگرفته است.

هردوت و بسیاری دیگر از مورخان یونانی بارها از توجه خاص ایرانیان باجرای مقررات قانون و عدالت یاد کرده‌اند . افلاطون درچند جا باستایش ازسختگیری ایرانیها در اجرای عدالت سخن میگوید. گزنفون مینویسد که ایرانیان غالباً جوانان خودرا در دادگاهها حاضر میکنند تا جریان دادرسی را از نزدیک ببینند و از همان هنگام جوانی با طرز اجرای عدالت آشنا شوند.

منشور آزادی بخش کورش بطوریکه همه میدانیم برای توده‌های

وسیعی از محرومین و اسرا که اسیر مقرراتی ظالمانه بودند عدل و انصاف بارمغان آورد. در کتیبه ای که از داریوش در نقش رستم باقی مانده است وی مینویسد: «اهورمزدا از آنجهت مرا یاری کرد که من و دودمانم بد دل و بی انصاف نبودیم. من کوشیدم تا همواره با حق و عدالت پادشاهی کنم». و همین کتیبه حاوی این پند عالی است که: «ای آنکه پس از من شاه خواهی بود، کسی را که بیداد کند دوست مباش و از او باشمشیر باز خواست کن.»

محققاً پیشرفتهای فراوان پارسیان که بر اساس اجتماع سالم ونیرومند آنان تکیه داشت تاحدزیادی مرهون همین سختگیری در اجرای عدالت بود، و این سختگیری حتی گاه صورتی پیدا میکرد که امروز برای ما صحه گذاشتن بدان دشوار است. مثلا پلوتارك نقل میکند که کمبوجیه شاهنشاه هخامنشی قاضی عالیرتبه ایرا که رشوه گرفته بود محکوم باعدام کرد ودستور داد که پوست اورا بکنند و روی مسندی که وی در زندگی خود برآن مینشست بگسترانند تا بعد از او هر قاضی که بجای وی نشیند وظیفه خویش را ازنظر دور ندارد. درباره انعطاف ناپذیری و ثبات قوانین دادگستری ایران نقل این جمله از کتاب آسمانی تورات جالب است که: «مگر این قانون ایران است که تغییر ناپذیر باشد؟»

در زمان ساسانیان بمردم این حق داده شده بود که در روز های معینی شکایات خود را بشخص شاهنشاه که سواره در صحرای وسیعی بربالای بلندی میایستاد تقدیم دارند و از او داد رسی بخواهند. البته نمیتوان گفت که این طرزکار کاملا عادلانه بود، زیرا رسیدگی به تظلمات واحقاق حق شاکیان میباید نه باسلیقه شخصی بلکه بر اساس

موازین و مقررات حقوقی صورت گیرد ، ولی بهرحال این سابقه کافی است تا از توجهی که در ایران بامر عدالت مبذول میشده است حکایت کند .

در ایران ساسانی مرجعی عالی برای دادرسی وجود داشت که بعداً در متون اسلامی آنرا « قاضی القضاة » ترجمه کردند . طبق گفته مورخان اسلامی دیوانی نیز در عصر ساسانی معادل دیوان عالی کشور وجود داشته که ایشان نام آن را به « دیوان مظالم » ترجمه کرده اند .

وقتی که اسلام با تعالیم عالیه خود با یران راه یافت طبعاً لزوم اجرای عدالت جنبه یک فریضه مذهبی پیدا کرد ، زیرا اسلام در درجه اول دین حق و دین عدالت بود . در قرآن کریم بصراحت گفته شده است که: « خداوند همه شما را به عدل و داد فرمان میدهد[1] » و : « خداوند بیداد گران را دوست ندارد[2] » . در این باره گفته حضرت رسول اکرم نیز بسیار جالب است که : « مملکت با کفر پایدار میماند ، ولی با ظلم پایدار نمیماند[3] . »

حضرت علی علیه‌السلام در نامه معروف خود به مالک اشتر مینویسد : « مکرر از رسول خدا شنیدم که میفرمود هرگز امتی رستگار نمیشود مگر آنکه در آن حق ضعیف بدست قوی پایمال نگردد . »

داستانی که درباره خود حضرت علی حکایت کرده اند نشان میدهد که دلبستگی و علاقه آن مرد بزرگ به عدالت تا چه پایه بوده است . طبق این روایت ، یکبار علی با مردی که از وی شاکی بود برای داوری بنزد عمر که در آنوقت خلیفه مسلمین بود رفت . وقتی

---

۱ ـ ان‌الله یأمر بالعدل والاحسان

۲ ـ ان‌الله لا یحب‌الظالمین

۳ ـ الملک یبقی بالکفر ، ولا یبقی بالظلم

که دادرسی بپایان رسید عمر از علی پرسید : داوری مراچگونه یافتی؟ علی گفت : از من مخواه که بگویم این داوری کاملا بیطرفانه بود ، زیرا که تو مرا هنگام خطاب به لقب خودم خواندی ولی شاکی مرا تنها به اسم صدا کردی ، واز این راه مرا بطور ضمنی برتر از او دانستی .

البته میان این طرز فکر با طرز فکر بسیاری از آنهائی که در جامعه ما ادعای مسلمانی میکردند ولی از هیچ اعمال نفوذی برای اینکه حق طبقات و افراد محروم را بنفع خود سلب کنند خود داری نداشتند فاصلهٔ بسیار بود ، و این فاصله ای بود که انقلاب ما یعنی انقلابی که بخصوص براساس تعالیم عالیه اسلامی صورت گرفته‌است نمیتوانست آنرا تحمل کند .

بار ها تذکرداده ام که در یک جامعه واقعاً مترقی عصر جدید عدالت قضائی بتنهائی برای تأمین حقوق واقعی مردم کافی نیست . ما خود تاقبل از بهمن ۱۳۴۱ نیز عدلیه داشتیم و این عدلیه دارای محاکمی بود که بر طبق اصول مشروطیت میبایست قانون را بطور مساوی درمورد همه اعمال کنند . ولی آیا بفرض هم که‌این نظر واقعاً تأمین میشد حق بحقدارمیرسید ؟ وقتی که مثلا ارباب سابق میتوانست از همه گونه تفسیر و تعبیری در مواد قانونی برای تسجیل منافع خود درمقابل رعیت سابق بر اساس بی اطلاعی و جهل او استفاده کند آیا میتوان گفت که عدالت حقیقتاً اجرا میشد ؟ اصولا همان روابط کهنه ارباب ورعیتی که قانون‌آنرا بصورت واقعیتی‌برسمیت میشناخت آیا خود بدترین نوع بیعدالتی نبود ؟ آن تبعیضها وتجاوز هائی که ساکنان قسمت بزرگی از سرزمینهای زرخیز ایران اسیر آن بودند محصول عدل یامحصول بیعدالتی بود ؟

دوسال پیش در یکی از سخنرانیهای خود خطاب به کشاورزان گفتم: «هیچ مقرراتی، هیچ تشکیلاتی، هیچ اساسی بر مبنای ظلم و بیعدالتی قابل دوام نیست». لازمه از میان بردن این بیعدالتی طبعاً این بود که روستائی و شهری و دهقان و مالک و فقیر و ثروتمند و بیسواد و با سواد واقعاً ـ و نه فقط در روی کاغذ ـ در مقابل عدالت یکسان باشند و بیک اندازه از آن برخوردار گردند.

دادن چنین حقی به روستائیان یعنی به اکثریت کنونی افراد کشور در درجه اول مستلزم آن بود که وسیلهٔ دادخواهی و اعمال حق در دسترس ایشان گذاشته شود. روستائی بطور معمول نه امکان آنرا داشت و نه گرفتاریهایش اجازه میداد و نه طرز فکر ساده و دور از تکلف او اقتضا میکرد که در غالب موارد برای دادخواهی و احقاق حق خود راه شهرستانها و بعد راه پایتخت را برای طی مراحل پیچیده و طولانی کار دادرسی در پیش گیرد، و اصولا مسائل و مشکلات او غالباً طوری است که ضرورت چنین دادرسی پیچیده ای را ایجاب نمیکند.

مسائل عادی یک روستائی چیست؟ مسلماً نه تعرفه بازرگانی است، نه ثبت علائم و اختراعات، نه دعوای تصفیه و ورشکستگی. مسائل مبتلا به او و در درجه اول مربوط به مزرعه کوچک او و یا اختلاف احتمالی وی با کشاورز دیگر در امر زمین و آب و گوسفند است یا اختلافات مالی که غالباً از قیمت یک گاو یا گوسفند تجاوز نمیکند. البته این امر عمومیت ندارد و مخصوصاً در آینده با بالا رفتن سطح زندگی روستائیان ممکن است دعاوی مهمتری در پیش آید، ولی بهرحال اکثریت مسائل و مشکلات روستائیان در حال حاضر از همان نوعی است که گفته شد. در این صورت چطور میتوان به چنین روستائی تحمیل کرد که برای

احقاق حق خود دادخواست و عرضحال قانونی بنویسد ، به مواد و تبصره‌های قانون استناد کند، وکیل بگیرد، در مرحله ابتدائی بدادگاه بخش که درچند فرسنگی ده اوست برود ، در مرحله استینافی راه دادگاه استان را در مرکز ایالت خود در پیش گیرد ، و بالاخره در مرحله تمیز رهسپار پایتخت مملکت شود ؟

نتیجه چنین وضعی چه بود ؟ از یک طرف این بود که روستائی بهمین دلیل غالباً حاضر نمیشد اختلاف خود را با روستائی دیگر از راه قانون حل کند، بلکه بسراغ احقاق حق خود از راه توسل به زور میرفت و از این جا ماجراهای غالباً غم انگیزی در پیش میآمد که این بار خود بخود پای مأمور قانون را بعلت وقوع ضرب یا جرح یا قتل و نظائر آن بدهکده باز میکرد . از طرف دیگر خروار ها پرونده در بایگانیها و روی میزهای محاکم دادگستری انباشته میشد که قسمت مهمی از آنها اساساً ارزش وقتی را که برای رسیدگی بدانها تلف میگردید و هزینه‌ای را که از این بابت تحمیل دولت یعنی تحمیل بودجه ملت میشد نداشت . نتیجه دیگر این وضع نیز این بود که بفرض هم در آخر کار حق شاکی تأمین میشد وی رضایتی از این بابت احساس نمیکرد، زیرا میدید که در راه این احقاق حق از لحاظ صرف وقت و دور ماندن از کار روز مره خود ضرر کرده است .

برای حل این مشکل کافی بود باین حقیقت توجه شود که مسائل و مشکلات یک روستائی را در درجه اول یک روستائی میتواند بفهمد و حل کند . در این مورد آنچه را که یک حقوقدان برجسته نمیتواند بآسانی در یابد یک ریش سفید محل میتواند بخوبی بفهمد و با کدخدا

منشی بترتیبی که مورد تراضی وتوافق هر دو طرف قرار گیرد حل کند، زیرا وی باسابقه کار و با ماهیت اختلاف آشناست و برای حل این اختلاف نیز بزبانی باطرفین صحبت میکند که برای هر دو طرف قابل درك است.

بنا بر این خیلی روشن بود که اگر کار رسیدگی باختلافات قضائی در روستاها ازطریق داوری و کدخدامنشی به عده‌ای ازمعتمدین خود آن نقاط واگذار شود، هم‌روستائی راضی میشود، هم وقت ونیروی او که باید صرف کار مولد شود بیهوده بهدر نمیرود، هم از وقوع بسیاری ازحوادث ناگوار در روستاها جلوگیری میشود، هم‌بار دستگاه دادگستری کشور سبکتر میشود، وهم قسمت مهمی از وقت و پولی که در این دستگاه صرف رسیدگی به‌این قبیل پرونده ها میشود صرفه جوئی میگردد.

این کاری بود که با تشکیل خانه های انصاف انجام گرفت. تشکیل این خانه ها سالمترین ودرعین حال ساده ترین وسیله ای بود که‌در سطح روستاها اختلاف افراد مملکت را دراسرع وقت وبا کمترین مخارج مورد رسیدگی قرار دهد و حل کند. اهمیت این کار از نظر اجرای اصول‌انقلاب ایران و تحقق عدالت اجتماعی در کشورما بقدری بود که آنرا در روز ۲۱ مهر ماه ۱۳۴۴ هنگام پذیرفتن رؤسای‌خانه‌های انصاف کشور اصل نهم انقلاب ایران اعلام داشتم.

این کاری بود که در تاریخ دادگستری ایران سابقه نداشت و اصولاً نمیتوانست سابقه داشته باشد، زیرا درنظام اجتماعی گذشتهٔ ما چنین وضعی قابل تحقق نبود. حقوق عبارت است از مجموعهٔ قواعد و مقرراتی که بموجب یک نظام اجتماعی‌و اقتصادی معین تنظیم

میشود ، و چون در سیستم فئودالی زمین و آب به مالک تعلق دارد و کشاورز فقط مالک نیروی کارگری است در چنین رژیمی طبعاً سیستم حقوقی نیز تابع و منعکس کنندهٔ همین روابط اجتماعی و تولیدی است . آن طرز رسیدگی و داوری که اکنون در خانه‌های انصاف بدان عمل میشود فقط در شرائطی قابل اجرا است که این طرز روابط ارباب و رعیتی از میان رفته و جای خود را به نظام نوینی بر اساس آزادی و تساوی افراد داده باشد . آنچه در این سیستم جدید داوری روستائی بیش از همه بچشم میخورد تجلی همین اصل دمکراسی واقعی است .

خانه‌های انصاف که در آنها مشکلات و اختلافات اهالی تا آنجا که امکان داشته باشد بطریق کدخدامنشی حل و فصل میشود، دارای چند جنبه خاص است که آنها را از سایر مراجع قضائی مجزا میکند . یکی از این مختصات این است که دادرسان خانه‌های انصاف نه از طرف دولت بلکه با رأی خود افراد انتخاب میشوند . دیگر آنکه دادرسی در این خانه ها مجانی است و هیچگونه خرجی را برخلاف محاکمات عادی قضائی بطرفین دعوا تحمیل نمیکند . در عین حال انجام وظیفهٔ هیئت دادرسی یعنی اعضای خانه‌های انصاف نیز افتخاری است و بدانها حقوق و پاداشی برای این کار تعلق نمیگیرد . از طرف دیگر جریان کار این خانه‌های انصاف تابع تشریفات و مقررات پیچیده و غیر ضروری نیست و اعضای این خانه ها میتوانند بهر طریقی که بهتر مقتضی بدانند طرفین دعوا را فرا خوانند و اظهارات و دلائل آنها را بشنوند و هر گونه اقدامی را از قبیل استماع گواهی شهود و انجام معاینات محلی و کسب نظر خبرهٔ مورد اعتماد بعمل آورند ، و با توجه بهمه آنها بین طرفین بنفع مورد تراضی آنها صلح و سازش برقرار کنند .

خانه انصاف در واقع یک محکمه دادگستری روستائی است. قضات این محکمه پنج نفراز معتمدان محل هستند که از طرف خود مردم و بانظارت دادگاههای بخش دادگستری برای مدت سه سال انتخاب میشوند واین خدمت را درتمام این مدت بطورافتخاری انجام میدهند. تذکر این نکته نیز جالب است که در غالب موارد افراد سپاه دانش که دراین روستاها انجام وظیفه میکنند بسمت منشی‌های انصاف مأموریت تشکیل پرونده‌های مقدماتی و طرح شکایات را درخانه های انصاف بر عهده دارند، و این یکی از مظاهر مثبت همکاری مجریان اصول مختلف انقلاب در بثمر رسانیدن مجموعه اصول انقلاب است. برای اینکار شاکی‌شکایت خودرا کتباً یاشفاهاً باطلاع سپاهی دانش میرساند و وی براساس آن پرونده ای ترتیب میدهد و بهر ترتیب که مقتضی بداند مراتب را به طرف دعوی اطلاع میدهد و شکایت شاکی را با او درمیان میگذارد و پس از ثبت پاسخ او پرونده‌رابرای رسیدگی بخانه انصاف میفرستد، ودرجلسه رسیدگی نیزخود سپاهی کارقرائت اوراق پرونده و ثبت جریان داوری و اظهارات طرفین وبالاخره ثبت تصمیمات نهائی خانه‌انصاف‌را برعهده میگیرد.

اولین خانه انصاف در آذرماه ۱۳۴۲ در قریه مهیار اصفهان تشکیل شد و از آن تاریخ این خانه‌ها درتمام استانهای کشور تشکیل گردیده اند. آمار وزارت دادگستری حاکی است که تا بامروز بیش‌از ۸۰۰ خانه انصاف در روستاهای مختلف ایران تأسیس شده اند.

نظری بآمار دادرسیهائی که دراین خانه ها صورت گرفته و بصورت کد خدامنشی خاتمه یافته است بخوبی نشان میدهد که کار

این خانه های انصاف تا چه اندازه بار دادگستری کشور را سبک کرده است. طبق این آمار گزارشهای واصله از ۲۶۱ خانه انصاف درسال ۱۳۴۴ حاکی است که قریب ۱۸۰۰۰ دعوای مختلف دراین خانه ها طرح و تصفیه شده وتنها در پنج ماهه اول سال ۱۳۴۵ این رقم به قریب ۱۲۰۰۰ بالغ گردیده است. تازه این ارقام شامل کلیه داوریهائی که توسط این خانه ها انجام گرفته است نیست، بلکه فقط مربوط بدانهائی است که گزارش نهائی کارشان بوزارت دادگستری رسیده است.

نکته ای که توجه بدان جالب است نوع آرائی است که درخانه های انصاف صادرمیشود. این آراء بطوریکه کارشناسان فن اظهارمیدارند عادتاً بقدری مستدل و عادلانه ومنطقی و درعین حال منطبق با اصول قضائی و باصطلاح قاضی پسند است که صدور آنها از طرف یک عده اشخاص ساده روستائی واقعاً ایجاد اعجاب و احترام میکند، واین خود نشان میدهد که چه حداز رشد و پختگی فکری در نزداین افراد ساده وجود دارد.

لازم است تذکر داده شود که بموازات اقدام برای ایجاد خانه های انصاف در روستاهای کشور، براساس همان روح و مفهومی که این خانه ها را بوجود آورد بایجاد شوراهائی نیز بنام شوراهای داوری در شهرها اقدام شده است. بررسیهائی که از نظر قضائی در باره آمار جرائم و دعاوی دادگستری در شهرها صورت گرفته نشان داده که برای تسریع در رسیدگی بدعاوی و جلوگیری از تراکم محاکمات و مواجهه با توسعه روز افزون دعاوی در مراحل مختلف دادگستری،

تنها کافی نیست بر تعداد قضات و تعداد دادگاهها افزوده شود ، بلکه لازم است در درجه اول کوشش شود که اختلافات کوچک پیش از آنکه تبدیل بدعاوی بزرگ گردند از راه کدخدامنشی و توسط عده ای که منتخب خود مردم و مورد اعتماد آنها باشند حل و اصلاح شوند تا بدین ترتیب هم کار مردم زودتر و آسانتر بسامان برسد و هم بار دادگستری کشور بسیار سبکتر شود . بر این اساس بود که اقدام بتشکیل شورا های داوری در شهرستانها گردید تا این شوراها در شهر ها همان کاری را انجام دهند که خانه های انصاف در روستاها انجام میدهند .

بموجب قانون تشکیل شورای داوری که از نوزدهم تیر ماه ۱۳۴۵ بمورد اجرا گذاشته شده است وزارت دادگستری بتدریج در هر شهر شورا یا شوراهائی بنام شورای داوری تشکیل میدهد که هر یک از آنها مرکب از پنج نفر از معتمدان محل است . این معتمدان از طرف ساکنان خود حوزه آن شورا برای مدت سه سال انتخاب میشوند و یک مشاور که از طرف وزارت دادگستری از میان قضات شاغل یا بازنشسته یا وکلاء دادگستری یا سردفتران اسناد رسمی برگزیده میشود از نظر مقررات قضائی با آنان همکاری میکند ، ولی اتخاذ تصمیم با خود هیئت معتمدان است . عضویت شورای داوری افتخاری است ، و شورا طبق وظیفه خود در کلیه اختلافات میباید سعی کند موضوع را با سازش خاتمه دهد . رسیدگی در شورای داوری مجانی است و هیچگونه خرجی را به طرفین دعوی تحمیل نمیکند . اگر شورای داوری محل مخصوصی در اختیار نداشته باشد میتواند در نقاطی از قبیل مدارس یا برزنها یا هر محل دیگری که رئیس دادگاه شهرستان مقتضی بداند تشکیل گردد .

بدیهی است هدف اصلی کار این شوراها این است که اختلافات قبل از آنکه بصورت دعاوی رسمی در محاکم دادگستری مطرح گردند بصورت سازش وتوافق بین طرفین حل‌شوند ، و اگر حصول چنین نتیجه در موردی امکان نیافت طبعاً مانعی برای طرح دعوا در دادگستری وجود نخواهد داشت. از طرف دیگر نوع اختلافاتی که میتوانند دراین شوراها مطرح وحل شوند محدود و منحصر است باختلافات جاری کسبه وپیشه وران یا خسارات وسائط نقلیه یا اختلافات بین همسایگان یا کدورتهای خانوادگی ، وعادتاً موضوع مالی مورداختلاف درهیچیک ازاین موارد نباید از ده هزار ریال متجاوز باشد.

بدین ترتیب کار شوراهای داوری درشهرها ، وکار خانه های انصاف در روستاها ، در واقع سبک کردن بار دادگستری از یکطرف و تسهیل در حل اختلافات کوچک ومحدود افراد از طرف دیگر است ، واین دوموردی است که هم‌خانه‌های انصاف و هم شوراهای داوری درآن از بوته آزمایش روسفید بیرون آمده‌اند .

۱۰

نظری به سایر آثار انقلاب ایران

طی نه فصل گذشته اصول نه گانه انقلاب ایران از نظر کلی مورد بحث و تحلیل قرار گرفت ونتایجی که براجرای هر یک از این اصول مترتب شده و خواهد شد تشریح گردید . برای اینکه این بررسی تکمیل شده باشد ، در این فصل نتایج وآثاری که این انقلاب بطور غیر مستقیم در توسعه ورشد حیات ملی ما در زمینه های اقتصادی و صنعتی همراه داشته است و خواهد داشت تشریح خواهد شد .

مهمترین نتیجه‌ای که انقلاب سفیدایران ازین بابت برای ما در بر داشت ، این بود که ایران توانست صرفاً بر اساس منافع و مصالح حقه خود یک سیاست کاملا مستقل ملی در پیش گیرد که درعین حال با احترام بحقوق کلیه ملل دیگر توأم باشد .

برای چه ما باتخاذ چنین سیاستی توفیق یافتیم ؟ برای اینکه انقلاب ما آن عوامل و عللی راکه مانع تحقق واقعی این سیاست میشد از میان برداشت ، و از قشرها وصفوف جامعهٔ ایرانی واحدی یکپارچه بوجود آورد . انقلاب ایران باعث شد که نه تنها دولت و دستگاه حکومتی بمردم تحمیل نشود بلکه بالعکس مستقیماً از خود مردم منبعث گردد و خویش را بطور کامل در اختیار حقوق و منافع حقه آنان قرار دهد .
برای اولین بار زن ایرانی ، کشاورز ایرانی ، کارگر ایرانی ، و بطور کلی

همهٔ افراد شریف و زحمتکش ایرانی ، احساس کردند که نه فقط قوانین و مقررات کشورشان در جهت تأمین حقوق حقه و انسانی آنها وضع میشود ، بلکه مهمتر از آن اینکـه این مقررات و قوانین درعمل نیز با همین روح و مفهوم بمورد اجرا گذاشته میشوند . برای اولین بار توده‌های عظیم زحمتکشان ایرانی چه در روستاها ، چه در کارخانه ها ، چه در سایر نقاط سایهٔ سنگین آن نفوذی را کـه سابقاً نفوذ هزارفامیل لقب یافته بود بر بـالای سر خود احساس نکـردنـد . دیگر سیاست کشور و سرنوشت کشور در اطاقهای در بسته با بند و بست چند متنفذ و کارگردان تعیین نشد ، وطبعاً بهمین دلیل نیز دیگر بخارجی ، درصورت داشتن اغراض و مطامع خصوصی ، اجازه وامکان آن داده نشد که برای اعمال این اغراض عمال آشکارا یاپنهانی خویش را در کشور ما تجهیز کند .

وقتی که بدین ترتیب دستگاه حکومتی با ملت یکپارچـه وهم آهنگ باشد و یک واحدمتشکل بوجودآورد ، چنین حکومتی با اتکاء به تأیید و پشتیبانی ملی طبعاً میتواند بدون واهمه ازخارجی سیاستی را که فقط بر مصالح و منافع ملی تکیه داشته باشد در پیش گیرد ، و بخصوص اگر مبنای چنین سیاستی مانند سیاست مستقل و ملی کشور ما اصول صلح طلبی و بشر دوستی و همکاری و تفاهم بین‌المللی و همزیستی مسالمت‌آمیز و کوشش درپیشرفت اقتصادی‌واجتماعی کشور و تعمیم عدالت اجتماعی باشد هیچ نیروئـی در جهان نمیتواند اساس حاکمیت آنرا متزلزل سازد ، زیرا در دنیای امـروز دیگر هیچ دولت بیگانه برای تأمین مطامع اجتماعی خود درمورد یک کشور دیگر ، بر خلاف گذشته بسراغ دادن اولتیماتوم وبالطبع بسراغ عملی کردن‌آن نمیرود ، بلکه فقط ازفعالیت عناصر مخرب داخلی ، ازعوامل

مختلف تشتت و نفاق ، از فساد حکومتها و از عدم ثبات سیاسی و اقتصاد اجتماعی آن کشور بنفع خود بهره برداری میکند . انقلاب ایران تمام این قبیل عوامل را از میان برداشت ، و در نتیجه کشور ما بصورت یک کانون ثبات و امنیت سیاسی در آمد که نه تنها امکان هر گونه نفوذ نا مشروعی در آن از میان رفته است ، بلکه روز بروز این کشور از حیثیت و احترام بین المللی بیشتری بر خوردار میشود .

سیاست مستقل ملی ما بما امکان آن داد که بر اساس حاکمیت خود از تمام شرائط و عوامل موجود بنفع پیشرفت مادی و اجتماع ایران استفاده کنیم . در نتیجه ، در چند ساله اخیر توانستیم بموازات تحول اجتماعی کشور خویش ، در راه توسعه اقتصادی و صنعتی این مملکت نیز قدمهای بسیار بزرگی برداریم که تا چندی پیش بنظر امکان پذیر نمیرسید . درین راه ما در زمینه ساختن زیر بنای استوار اقتصادی ، تنظیم و اجرای برنامه های صنعتی کردن کشور ، عقد قرار داد های بی سابقه صنعتی و بازرگانی و نفتی ، ایجاد صنایع سنگین مانند ذوب آهن و آلومینیوم و صنایع پتروشیمی ، تقویت صنایع داخلی ، تهیه بازارهای تازه فروش و بسیار موارد دیگر بموفقیتهای واقعاً رضایت بخشی نائل شده ایم .

برنامه اساسی ما برای پیشرفت مملکت و بالا بردن سطح زندگانی مردم آن ، یعنی تأمین آینده استوار و کاملاً اطمینان بخشی برای ملت ایران ، صنعتی کردن مملکت است ، زیرا هیچ مملکت مترقی را در دنیای امروز نمیتوان یافت که درآمد سرانه مردم آن بیک حد عالی رسیده باشد مگر آنکه آن مملکت هرچه بیشتر صنعتی شده باشد . بنابراین

در توسعه اقتصادی و اجتماعی ایران طبعاً نقش درجه اول بر عهده صنعت گذاشته شده است ، و بهمین جهت اهمیت موضوع ایجاب میکند که درباره آن با تفصیل نسبتاً بیشتری سخن گفته شود .

تاچندی پیش تحت تأثیر مکتب اقتصادی کلاسیک قرن نوزدهم و گاه نیز بر اثر اغراض و نظرات خاص ، ایران را فقط یک کشور کشاورزی می پنداشتند و از اهمیت صنعتی شدن و امکانات وسیعی که کشور ما درین زمینه دارد غافل بودند ، ولی ما اکنون تصمیم داریم از این امکانات و شرائط برای صنعتی کردن مملکت حداکثر استفاده را بکنیم .

ما در تعیین حدود و جهات پیشرفت صنعتی، از یکطرف امکانات طبیعی و اجتماعی و مالی و فنی خود را در مد نظر داریم و از طرف دیگر متوجه اتخاذ جدیدترین روشهای علمی و صنعتی با توجه بمقتضیات بازارهای جهان هستیم، و درین راه خود را در زنجیر هیچ مکتب اقتصادی که با روحیات و سنن ملی ما و با توسعه اقتصادی ما ناسازگار باشد پای بند نمیکنیم.

سر زمین پهناور ایران دارای منابع زیر زمینی عظیم و فراوانی بصورت مواد اولیه کشاورزی و معدنی و نیرو است که ما باید همهٔ آنها را در توسعه صنعتی کشور بکار بریم و بر این اساس صنایع بزرگتری را که در مواردی دارای اهمیت جهانی هستند ایجاد کنیم . نیروی انسانی کشور ما از لحاظ مقدار پیوسته رو بافزایش است ، و نه فقط کمیت آن بلکه بخصوص کیفیت آن بر اثر تحول اجتماعی ناشی از انقلاب فرصت تکامل بیشتری یافته است . بدیهی است استفاده از این منابع طبیعی و مالی و انسانی وقتی میتواند نتیجه مطلوب بدهد که

با تکنولوژی نوین و مدیریت صحیح توأم گردد ، و ازین جهت است که ما در طرحهای خود بدین‌دو اصل توجه کامل مبذول میداریم .

البته مدت نسبتاً زیادی نیست که کشور ما قدم در راه صنعتی شدن گذاشته است ، لیکن ما در همین مدت توانسته‌ایم مراحل اولیه این کار را در پشت سر گذاریم . اکنون براثر گسترش صنایع مصرفی ، در برخی از رشته ها تولیدات صنایع داخلی نه تنها کفایت احتیاجات کشور را میدهد بلکه تدریجاً کالا های ساخت ایران بمقادیر روزافزونی به بازارهای خارجی سرازیر میشود . بدیهی است کوشش اصلی مادر حال حاضرمتوجه ایجادصنایع اساسی وسنگین ازقبیل ذوب فلزات وماشین سازی و پتروشیمی و فرآورده های نفتی و وسائط نقلیه وامثال آنها است. ولی بموازات این‌صنایع ، درعین‌حال متوجه ایجاد صنایع سبک ومتوسط بمنظورتوسعه کالا هائی هستیم که بعلت بالارفتن سطح زندگی و درآمد عمومی وافزایش جمعیت تقاضای آنها دائماً درافزایش است.

در مورد صنایع بزرگ و مادر ، باید بخصوص از دو صنعت پتروشیمی و ذوب آهن نام‌برد . صنایع پتروشیمی از حیث کمیت‌بقدری وسیع و متنوع است که حقاً میباید آنرا صنعت آیندهٔ دنیا لقب داد . خوشبختانه کشور ما امکانات بسیار وسیعی را برای ایجاد یک صنعت پتروشیمی متمرکز و موفق در اختیار دارد که میتواند این مملکت را بصورت یک کشور صادرکننده‌بزرگ این نوع محصولات درآورد . باتوجه باینکه تاسال گذشته بیش از ۲۰۰ نوع ازمشتقات این‌صنعت شناخته شده و هیچ معلوم نیست که این رقم بازهم تاچه حدی بالا برود ، خوب‌میتوان دریافت که توسعهٔ این صنعت چه‌درآمد ارزی‌قابل توجهی را از محل صدور کالا های صنعت پتروشیمی نصیب مملکت ما

خواهد کرد، و درعین حال بافراهم ساختن کودهای شیمیائی و انواع پلاستیکها و الیاف صنعتی و لاستیک مصنوعی و غیره در داخله کشور تا چه اندازه به بهبود وضع اقتصاد عمومی کمک خواهد نمود.

خوشبختانه این صنعت صنعتی کاملاً جدیداست وبنابراین برای کشورما امکان رقابت با سایر مراکزاین صنعت درجهان کاملاً وجود دارد. برای ایجاد یک صنعت وسیع پتروشیمی در ایران، در اواخرسال ۱۳۴۳ شرکتی بنام شرکت ملی صنایع پتروشیمی وابسته بشرکت ملی نفت ایران تشکیل گردید وبدین ترتیب کلیه امورمربوط بدین صنعت نوبنیاد در یک واحد سازمانی تمرکز یافت.

در پرتو شرائط مساعدی که برای صنعت جوان پتروشیمی ما فراهم شده اکنون میتوان با استفاده از امکانات خاص ایران یعنی داشتن مواد اولیه ارزان، و استفاده از امکانات شرکاء خارجی این صنعت یعنی داشتن بازار وسیع مصرف، محصولاتی را که تهیه میشود بمقیاس زیاد و به بهای قابل رقابت به بازارهای جهان عرضه داشت. در امر ایجاد و توسعه این صنعت تاکنون سه طرح بزرگ با مشارکت شرکتهای معتبر درآبادان و شاهپور وخارك بمورد اجرا درآمده یا در دست اجرا است که جمعاً درآنها در حدود ۲۳۰ میلیون دلار سرمایه گزاری شده‌است. چند طرح بزرگ وکوچک دیگر نیز در حال حاضر در دست مطالعه است.

صنعت بزرگ یا صنعت مادر دیگر، ذوب آهن است که ما قرارداد مربوط بدان را درسال ۱۳۴۴ با دولت اتحاد جماهیر شوروی امضاء کردیم وبدین‌ترتیب بیک تمایل دیرینهٔ ملی خود درداشتن این صنعت جامهٔ عمل پوشاندیم. بر اساس این قرارداد، کارخانه ذوب

آهن ایران درسال ۱۳۵۰ وارد مرحلهٔ بهره برداری خواهد شد . این کارخانه در بدو امر ظرفیت تولید سالانه ۶۰۰،۰۰۰ تن فولاد خام دارد ، ولی این ظرفیت تقریباً بلافاصله به ۱،۲۰۰،۰۰۰ تن در سال بالا خواهد رفت.

مهمترین صنعت مملکت ما درحال حاضر صنایع نفت است . شاید در این مورد احتیاجی بتذکر این نکته نباشد که درسالهای اخیر ما بموفقیتهای واقعاً شایان توجهی از نظر تحصیل عوائد بیشتر ازاین‌منبع ثروت خداداد خویش نائل‌شده‌ایم . این‌عوائد کلاً بمصرف انجام برنامه‌های توسعهٔ عمرانی و صنعتی و اجتماعی کشور میرسد ، و بدین‌ترتیب درهر مورد که ما بتحصیل امتیازات بیشتری درقرارداد-های موجود یا بانعقاد قرارداد های ثمربخش تازه‌ای موفق میشویم ، در واقع بطورمستقیم به‌توسعه اقتصادی جامعهٔ خویش کمک میکنیم.

ازسال ۱۳۳۲ تاکنون ما همیشه درین مورد پیش آهنگ بوده وهربار قراردادهائی‌بی‌سابقه وانقلابی‌منعقد ساخته‌ایم . درسالهای ۱۳۳۶ و ۱۳۳۷ شرکت ملی نفت ما دو قرارداد با شرکتهای مختلط ایتالیائی وامریکائی‌امضاء کرد که طی آنها برای اولین بار ۷۵ درصد ازمنافع عاید ایران و ۲۵ درصد عاید آن شرکتها میشد . در ۱۳۴۴ شش قرارداد جدید نفتی درمورد قسمتهای مختلفی ازفلات قاره‌ایران با شرکتهای اروپائی و امریکائی با شرائطی بیسابقه بامضاء رسید . در ۱۳۴۵ شرکت ملی نفت ایران با یک گروه صنعتی فرانسوی قراردادی منعقدساخت که بموجب آن این گروه فقط بعنوان مقاطعه کار برای شرکت ما کار میکند وکلیه فعالیتهای نفتی را از اکتشاف تا بهره برداری وحمل ونقل باانجام سرمایه گزاریهای‌لازم بعهده‌میگیرد،

و ازمنافع حاصله بیش از ۹۰ درصد بایران و کمتر از ۱۰ درصد باین گروه تعلق میبابد .

اخیراً نیزما با کنسرسیوم نفت ایران دربارهٔ تعدیلاتی درقرارداد خودمان با آن بتوافق رسیدیم که در نتیجهٔ آن کنسرسیوم متعهد شده است صادرات نفت ایران را توسعه دهد ونفت خام اضافی جهت صدور بکشورهای اروپای شرقی در اختیار ما بگذارد و لااقل ۲۰ درصد از مناطقی را که بموجب قرارداد سال ۱۳۳۳ حوزهٔ عمل کنسرسیوم محسوب شده بود بمامسترد دارد .

البته ما بازهم آرزوهای بیشتری برای شرکت ملی نفت خود داریم . ایده‌آل ما این است که روزی شرکت ملی نفت ایران خودش کاوش کند و نفت پیدا کند و آنرا استخراج نماید و بطور خام یا تصفیه شده با وسائل متعلق بخودش به بازارهای دنیا ببرد و در پمپ‌های متعلق بخودش بفروش برساند . اصولاً ایده‌آل ماچنانکه قبلاً هم در چند مورد تذکر داده‌ام این است که روزی شرکت ملی نفت ایران بزرگترین شرکت نفتی دنیا بشود . البته ممکن است این نظریات ما صد درصد عملی نباشد ، ولی مسلم است که درتحقق هر قسمتی از آن که عملی است از هیچ کوشش و استفاده از هیچ فرصتی فروگذار نخواهیم کرد .

اگر در نظر گیریم که ما ازسال ۱۲۸۰ شمسی که درآن امتیازی بنام «امتیاز نامچه نفت وموم طبیعی و معدنی» از طرف پادشاه وقت به «ویلیام دارسی» داده شد تا حال حاضر چه‌اندازه در راه استیفای منافع ملی خود از بابت نفت پیشرفت کرده‌ایم ، حق داریم در بارهٔ آینده نیز با اطمینان خاطرقضاوت کنیم . در امتیازنامه مذکور، حق اکتشاف

واستخراج و بهره برداری نفت درسراسر کشور باستثنای پنج ایالت شمالی به دارسی داده شده بود ، وتمام اراضی مورد امتیاز ومحصولات آنها که بخارج حمل میشد از هر نوع مالیات و عوارضی معاف شده و درمقابل فقط ۱۶ درصد از منافع خالص سالانه بدولت ایران وعده شده بود، که در عمل کلیه مبلغی که تا هنگام لغو این قرارداد درسال ۱۳۱۱ شمسی بایران پرداخته شد از ۱٤ میلیون لیره انگلیسی نیز کمتر بود. درفاصله انعقادقراردادجدیدنفتی درسال ۱۳۱۲ تازمان ملی‌شدن صنعت نفت درایران درسال ۱۳۲۹ ، این مبلغ اندکی از ۱۰۶ میلیون لیره تجاوزکرد. در یازده سالهٔ بعدازانعقاد قرارداد باکنسرسیوم نفت ایران تا آخر ۱۹٦٥ میلادی درآمد ما ازاین بابت به بیش‌از ۳ میلیارد دلار رسید وتنهادرسال ۱۹٦٦ این رقم به ۵۷۰ میلیون دلار بالغ گردید.

برای ما توجه بدین نکته نیز بسیارمهم است که بموازات این پیشرفتها ، وضع اجتماعی کارگرانی که دراین صنعت کارمیکنند بکلی تغییر کرده‌است. برای‌استنباط اینکه دربدوصدورامتیاز نفت، به کارگران زحمتکش ایرانی که در تأسیسات نفتی کار نیکردند باچه چشمی نگاه میشده است بیمورد نیست تذکر داده شود که درمتن فصل دوازدهم ازاین امتیازنامچه ازایشان فقط بعنوان «عمله وفعله که درتأسیسات فوق کارمیکنند» نام برده شده است. بدیهی‌است تازمانیکه این طرزفکر نسبت بکارگران ایرانی وجود داشت ، روح امتیازنامه ها وقراردادها نیز بهتر ازاین نمیتوانست باشد ، و اگرامروز مامیتوانیم حداکثرعوائدرا با توجه به شرایط و امکانات موجود ملی و بین‌المللی از صنعت نفت خویش تحصیل کنیم ، برای این است که همین عمله‌ها و فعله‌ها اکنون بدل بمردمی آزاد و فهمیده و حاکم بسرنوشت خویش شده اند

که دوشا دوش برادران وخواهران کشاورز و اداری و سایر افراد و طبقات شهری و روستائی سهم خودرا در ترقی کشور شرافتمندانه ایفاء میکنند .

نباید فراموش کرد که ما در تحصیل عایدی از صنایع نفت ، استفاده سرشاری نیز در آینده ازگازهای طبیعی حاصله از نفت که مدتی دراز میسوخت و بهدرمیرفت بعمل خواهیم آورد ، بدین ترتیب که ازیکطرف برای مصارف مختلف داخلی کشور وبرای صنایع پتروشیمی و کود شیمیائی و غیره بین ۲ تا ۶ میلیارد متر مکعب درسال از آنها استفاده خواهیم کرد ، و ازطرف دیگر مقدار معتنابهی ازآنها را که تا ۱۰ میلیارد متر مکعب درسال خواهد رسید طبق قرارداد به اتحاد جماهیر شوروی خواهیم فروخت . برای انتقال این گاز از خوزستان به آستارا ، ما اقدام به لوله کشی سرتاسری خواهیم کرد که فقط برای ساختن آن ۳۰۰ میلیون دلار سرمایه گزاری میشود و بدین ترتیب طرح بسیار عظیمی بمرحلهٔ اجرا درمیآید که اهمیت آن از کارخانهٔ ذوب آهن کمترنیست. تمام ورقه های فولادی که برای این لوله کشی عظیم لازم است درکارخانه لوله سازی که در خود ایران بکار خواهد افتاد تبدیل به لوله خواهند شد.

یکی دیگر ازکوششهای اساسی ما در راه بالابردن سطح زندگی واقتصاد مملکت تولید وتوزیع هرچه بیشترنیروی برق درسراسرکشور است. هدف نهائی ما این است که این نیرو درتمام مملکت بحداکثرامکان تعمیم یابد و حتی کوچکترین روستاهای کشور از آن محروم نمانند ، زیرا این مسلم است که نیروی برق در تمدن امروزی بشر مایه اصلی گردش چرخ زندگی است ، و هرقدر این نیرو درکشوری بنسبت جمعیت آن بیشتر مورد استفاده قرار گرفته باشد نشان آن است که

آن ملت رشد بیشتری یافته است . درسال ۱۹۲۰ ، لنین طی گزارشی آینده کشور پهناور شوروی را درگرو الکتریکی شدن هرچه بیشترآن کشور دانست ، و این حقیقت درمورد هرکشور در حال توسعه دنیای امروز صادق است .

بمنظور تنظیم و اجرای برنامه های لازم درین مورد ، در سال ۱۳۴۲ وزارت مستقلی بنام وزارت آب و برق تأسیس شد تا بجمع آوری آمار و اطلاعات مربوط بمنابع تولید نیرو از آب و حرارت و بررسی دقیق نیازمندیهای برق کشور بپردازد و برنامه لازم را برای تعمیم برق در سراسر کشور تنظیم کند وبا توجه بامکانات بمورد اجرا گذارد .

اکنون گذشته از نیروی برقی که ازمراکز صنایع نفت خوزستان و از سدهای متعدد بزرگ و کوچک ایران وازسایر وسائل بدست می آید، طرحهای متعدد دیگری نیز منجمله طرح برق کمربندی رشته البرز که مناطق واقع بین رشت و گرگان را شامل میشود در دست مطالعه است .

در روی رودخانه ارس طبق قراردادهای منعقده بادولت اتحاد شوروی سدهائی که میباید در آینده مورد استفاده طرفین قرار گیرد در دست ایجاد است که ممکن است ظرفیت تولید برق آنها در مرحلهٔ نهائی به یک میلیون کیلووات برق برسد . در سواحل مازندران نقشه هائی برای بکار انداختن چاههای نیمه عمیق بوسیلهٔ برق در دست اقدام است .

ظرفیت تولیدنیروی برق کل کشور که درسال ۱۳۲۰ در حدود ۱۲۰٬۰۰۰ کیلووات بود درحال حاضر به قریب یک میلیون کیلووات

رسیده است و درسال آینده به ۱،۷۰۰،۰۰۰ کیلووات خواهد رسید ، در برنامهٔ پنج سالهٔ سوم ۲۱ میلیارد ریال یعنی بیش از نه درصد کل اعتبار به‌توسعه برق درشهرها وروستاهای کشور اختصاص یافته بود ، و در برنامه پنج سالـهٔ چهارم این رقم بازهم بیشتر خواهد شد.

بموازات کوشش در تولیـد بیشتر و توزیع بهتر نیروی بـرق ، برنامهٔ وسیعی نیز بمنظور لوله کشی آب و توزیع آب سالم درنقاط شهری و روستائی کشور در دست اجرا است . در این مورد مخصوصاً مراقبت میشود که‌دهات‌ایران بهمان اندازه شهرستانها وبموازات آنها مشمول این برنامه گردند.

برنامهٔ مهم دیگر مملکتی ، برنامه خانه سازی است . این از هدفهای حتمی انقلاب است که عموم مردم ایران چه درشهرها و چه در روستاها دارای مسکن سالم و بهداشتی باشند. قسمت اعظم ازاین عده مخصوصاً در دهات درحال حاضر درمراکزی بسر میبرند که از هر جهت فاقد شرائط‌لازم یک مسکن سالم هستند وباید بیشتر آنها بکلی تعویض گردند، کما اینکه درموردآلونکهائی که مسکن زاغه نشینان جنوب تهران بود بهمین نحو اقدام شد. ازطرف دیگر با درنظر گرفتن افزایش منظم جمعیت کشور چه‌درشهرها وچه درروستاها،طبق‌محاسباتی که شده میباید سالانه درحدود ۱۵۰،۰۰۰ واحد مسکونی‌تازه ساخته‌شود تا نیازمندیهای کشور را از بابت مسکن تأمین کنند.

درحال حاضر وزارت آبادانی ومسکن وسازمانهای متعدد دیگری مسئول اجرای برنامهٔ وسیعی برای خانه سازی درسراسر کشور هستند. ولی بنای خانه های ساخته شده کنونی غالباً طوری است که با درآمد

طبقات پائین ومتوسط چه از لحاظ خرید و چه از نظر اجاره تطبیق نمیکند. بنابراین برنامه ریزی مسکن باید در آینده بخصوص براین اساس صورت گیرد که از یکطرف بامیزان رشد جمعیت متناسب بوده و کمبود فعلی مسکن را جبران کند، از طرف دیگر بهای تمام شده‌خانه ها درحدودی باشد که حتماً با عایدی طبقات کم درآمد سازگار باشد. درعین‌حال باید سعی کرد که هرواحد مسکونی حداقل شامل دو اطاق باضافهٔ تمام وسائل لازم باشد. درین مورد میباید بانکهای ساختمانی، شهرداریها، شرکتها، مؤسسات عمومی و افراد خصوصی نیز با دولت از هر جهت کمک کنند.

در زمینهٔ تحولات ناشی از انقلاب، میباید به عواملی که با تقویت اطلاعات عمومی‌وآشنائی بیشترآن با امورمختلف داخلی‌وخارجی ارتباط دارند، یعنی به رادیو و تلویزیون و مطبوعات نیز اشاره شود. این عوامل درجامعهٔ امروزی ما نقش بسیارحساسی دارند، زیرا دراین جامعه نه‌فقط نباید مسائل واطلاعات مربوط به‌حیات سیاسی واجتماعی و اقتصادی مردم از آنها پوشیده بماند، بلکه بالعکس میباید در هر مورد هرچه میشود بااطلاع و تأیید خود آنها باشد و هر مشکلی هم که پیش میآید آشکارا باخود آنان درمیان گذاشته شود. بدین جهت ما کمال کوشش را بعمل میاوریم که مطبوعات کشور روز بروز از حیث کمیت و کیفیت بهتر شوند، و شبکه رادیوئی و تلویزیونی کشور نیز موظف است خود را پیوسته بیشتر جوابگوی احتیاجات عمومی سازد.

همین کوشش را ما در راه تشویق و توسعه ادبیات و هنرها و پرورش استعدادهای خلاقهٔ نویسندگان، شعرا، موسیقیدانان، نقاشان، مجسمه سازان، کارکنان رشته‌های دراماتیک وسایر طبقات

هنرمندان مبذول میداریم ، زیرا اجتماع جدید ایران اجتماعی است که هر استعداد و هنری در آن زمینهٔ مساعدی برای شکفتن میتواند یافت .

در زمینه امور ورزشی نیز همین نظر را میباید تذکر داد. جهش انقلاب حقاً میباید پرورش استعدادهای جسمانی جوانان ایرانی را بحد اعلا در برگیرد و فرزندان شهرها و روستاها در این مورد از امکاناتی کاملاً مساوی برخوردار گردند و احتیاجات ورزشی کشور از حیث وسائل کار و میدانهای ورزش و باشگاهها کاملاً تأمین گردد. جوانان ورزشکار ما حتی درشرائطی غالباً نامساعد شایستگی وتوانائی خودرا درصحنه های مسابقات بین المللی نشان دادهاند، وجامعه انقلابی امروز ما میباید ترتیبی دهد که این شرائط از هر جهت بصورت شرائطی مساعد و پرورندهدر آیند.

همانطور که اخیراً تذکر دادم ، دراین شرائط جدید ما جوانان ورزشکار خود را ازینکه احیاناً در مسابقات جهانی برنده نشوند ملامت نخواهیم کرد ، ولی از ایشان خواهیم خواست که حتماً با قصد برنده شدن و با روحیه و ایمانی که لازمه چنین ارادهای است دراین مسابقات شرکت جویند و تا آخرین ثانیه با غیرت و انضباط و غرور ملی نبرد کنند .

البته درفصلی کوتاه ، نمیتوان بتمام جنبه های مختلف اقتصادی و اجتماعی وفرهنگی و غیره که مربوط بانقلاب ایران میشود اشاره کرد ، زیرا این فعالیتها در رشته هائی چنان متنوع ومختلف صورت میگیرد که توصیف هر یک از آنها مستلزم شرح و بسط مفصل ونقل آمار وارقام متعدد است. آنچه دراینجا موردنظر است، ارتباط توسعهٔاین فعالیتهای

مختلف اقتصادی و اجتماعی با اجرای اصول مختلف انقلاب ایران است که این توسعه را در رشته‌های مختلف آن با احتیاجات و الزامات ناشی از این انقلاب منطبق ساخته است.

در پی ریزی اجتماع جدید ایرانی، عوامل اقتصادی با عوامل اجتماعی دوش بدوش یکدیگر پیش میروند تا نتایج حاصله از پیشرفت صنعتی کشور، نه افراد و طبقات معین بلکه همهٔ افراد و همهٔ طبقات ملت را شامل گردد، و همچنان که در مقدمه این کتاب تذکر داده شد افزایش ثروت ملی مفهوم افزایش ثروت اشخاص و طبقات معینی را نداشته باشد، بلکه مفهوم افزایش درآمد سرانه کلیه افراد ملت را متناسب با ارزش کار و با سرمایه هر یک از آنها در حدود قوانین اجتماعی مملکت داشته باشد.

۱۱

انقلاب ایران و سیاست جهانی ما

اکنون که اصول و مبانی انقلاب ایران و تأثیرات آنها در بنیانگزاری جامعهٔ نوین ایرانی ، تاآنجا که فصول کتاب حاضر اجازه میداد تشریح گردید ، حقاً میباید فصلی نیز بتحلیل آثار این انقلاب درخط مشی سیاسی وبین‌المللی ما اختصاص یابد ، زیرا سیاست جهانی هرکشور با اصول و ایدئولوژی داخلی آن وابستگی کامل دارد ، و درواقع خط مشی هرکشور براساس اصول و موازینی تعیین میشود که سیاست داخلی آن را اداره میکند.

براین‌اساس ، طبعاً دید جهانی ما واصولی که از نظر بین‌المللی مورد پیروی و تأیید ما است کاملاً منطبق باانقلابی است که اکنون جامعهٔ نوین ایرانی را پی‌ریزی کرده است . ما معتقدیم که جامعهٔ امروزی جهان دستخوش دگرگونی و تحول عظیمی است که تاکنون از حیث عمق و وسعت در هیچیک ازادوار تاریخ بشر سابقه نداشته است . این تحول ایجاب میکند که بسیاری از اصول و موازینی که جوامع گذشته بر آنها تکیه داشته‌اند ، ولی امروزه دیگر با احتیاجات و انتظارات جامعهٔ جدید بشری هم آهنگ نیستند ، جای خود را به موازین وباصول تازه‌ای بسپارند که بتوانند جوابگوی این انتظارات و احتیاجات باشند. ازطرف دیگر ما اعتقاد داریم که برای رفع تضادها

و بحرانهائی که طبعاً درین زمینه پیش میآید توسل به زور و قدرت مادی تقریباً هیچ مشکلی را حل نمیکند ، و بنابراین میباید در این موارد راه حلهای منطقی تری براساس درک ماهیت و علل واقعی این تضادها و حل واقع بینانه و درعین حال عمقی و اساسی آنها اتخاذ کرد . بنظر ما دو عامل ارکان اصلی این راه حل هستند : یکی اینکه در داخلهٔ هر اجتماع و هرکشوری ، ریشه های اصلی بی ثباتیها و تشنجها از راه استقرار توسعهٔ عدالت اجتماعی از میان برداشته شود ، دیگر اینکه از نظر بین المللی شکاف بزرگی که درحال حاضر میان ملل پیشرفته و ملل درحال توسعه و غالباً فقیر وجود دارد پر شود و روابط این دو دسته بصورت یک همکاری مثبت و مولد در آید که در آن هر ملت ، مانند هرفرد ، بتناسب کاری که میکند از سهمی که در سازمان اقتصادی و اجتماعی جهان برعهده دارد ، از تلاش خویش بهره برگیرد .

ما معتقدیم که در سیر تکاملی جامعهٔ بشری دیگر دوران ماجراجوئیها و استیلا طلبیهای گذشته بپایان رسیده است ، و تنها میدان مبارزه ای که امروزه نیروهای انسانی میباید در آن بکار افتد مبارزه علیه جهل و فقر و گرسنگی و تبعیضات مختلف اجتماعی و اقتصادی و نژادی و نظائر آنها است .

بنابراین خطوط اصلی سیاست بین المللی ما بر پایه اصول مشخص: صلح جوئی صمیمانه ، همزیستی و تفاهم با کلیهٔ کشورها و جوامع ولو با سیستمهای حکومتی و ایدئولوژیهای متفاوت ، طرفداری از هر گونه کوششی برای استقرار و تقویت عدالت اجتماعی چه درسطح ملی وچه درسطح بین المللی ، پشتیبانی از هر تلاش جهانی برای تعدیل فاصلهٔ

بین جوامع غنی و فقیر ، همکاری بین‌المللی در مبارزه با بیسوادی و گرسنگی و بیماری وسایر بلایای اجتماعی عصر حاضر طراحی شده است ، و بر اساس همین خطوط اصلی است که ما درهرمورد باقاطعیت وبدون تردید و تزلزل میدانیم درمسائل مختلف بین‌المللی چه راهی‌را باید درپیش گیریم و ازچه اصول و موازینی باید دفاع کنیم .

برای روشن شدن این مسائل ، بیمناسبت نیست که دربارهٔ آنها ذیلاً از نظر کلی توضیح بیشتری داده شود :

* * *

میگویند لوئی پانزدهم بر روی لوله توپ مخصوص خود در مدخل کاخ ورسای نوشته بود : « این برهان قاطع پادشاهان‌است » ، و ولینگتن نیز عادت داشت که بگوید : « هیچ منشوری باندازه غریو توپ گویا و موجه نیست » . حتی درعصر ما ، بطوریکه معروف‌است ، استالین درپاسخ توصیه‌ای که برای جلب پشتیبانی واتیکان در زمان جنگ جهانی دوم بدو شده بود پرسیده بود : « مگر پاپ چند لشکر در اختیار دارد ؟ » ولی امروز دیگر این طرز فکر بکلی متعلق بگذشته است . آنچه را که واقعاً بشر امروزی درین باره میاندیشد ، چند ماه پیش من خود بهنگام گشایش یک کنگرهٔ سیاسی بین‌المللی در تهران چنین خلاصه کردم : « در دنیای کنونی دیگر زور و قدرت مادی پاسخگوی نهائی مشکلات نیست . البته در گذشته نیز توپ خیلی بندرت نماینده حق بوده است ، ولی امروزه قدرت اسلحه حتی برای تحمیل اراده خود کفایت نمیکند . »

حقیقت این است که امروزه اعضای مختلف جامعهٔ بشری برای حفظ موجودیت خویش الزام دارند بهرقیمت باشد راهی برای تفاهم

با یکدیگر بیابند، زیرا شرائط مادی ومعنوی این جامعه اکنون بصورتی در آمده است که دیگر اقویا نمیتوانند صرفاً از قدرت مادی خود برای تحمیل ارادهٔ خویش به طرف ضعیفتر استفاده کنند. بدین ترتیب بر خلاف تمام دوران گذشته تاریخ بشری، که در مواقعی که امکان تفاهم وسازش از راه منطقی ازمیان میرفت پای‌قدرت‌نمائی مادی بمیان میآمد، در دورهٔ مایکی از این دو راه حل بکلی محکوم شده و الزاماً فقط یک راه دیگر باز مانده است. بقول امرسن: «امروزه پیروزیهای واقعی و نهائی، پیروزیهای صلحند و نه پیروزیهای جنگ».

البته هنوز دیکتاتورهای کوچکی درگوشه وکنار جهان وجود دارند که‌چون شایدچنانکه باید به‌جاه‌طلبیها وقدرت‌طلبیهای ایشان‌پاسخ داده نشده است درس‌عبرتی راکه لازم‌است فرا نگرفته ومتوجه واقعیات عصر حاضر نشده‌اند، ولی مسلم است که سرنوشت ایشان ازسرنوشت دیکتاتورهائی که خیلی بزرگتر بودند بهتر نخواهد بود، و بهرحال تا زمانیکه خلع سلاح عمومی و تضمین شده‌ای درجهان تأمین نشده باشد ملتها چاره‌ای جز تأمین وسائل دفاع وحفظ امنیت‌خود نخواهند داشت.

لازمه همزیستی وتفاهم جهانی این است که همهٔ دستگاههای حکومتی خود را با شرائط و مقتضیات اجتناب نا پذیر عصر جدید تطبیق دهند. مشکل اساسی‌عصر حاضر در واقع‌فهم مسائل تازه نیست، بلکه گریز از افکار و سنت‌های ناصحیح گذشته است.

وقتی که حکومتهای مختلف حقیقتاً واقع بینی و توجه بشرائط اجتماعی عصر حاضر را اساس کار خود قرار دهند، مسلماً راه برای توسعهٔ تفاهم و همکاری بین‌المللی بازتر خواهد شد، زیرا احتیاجات اساسی مردم جهان غالباً یکسان است، وبنا بر این حصول تفاهم‌میان آنهائی که بیک راه میروند دشوار نیست.

مثلاً مسائلی که انقلاب سفید ایران براساس آنها پایه ریزی شده، همان مسائلی است که قسمت اعظم از کشورهای جهان کم وبیش باآنها مواجه هستند. هیچکدام ازملل این کشورها طالب ماجراجوئی نیستند. آنچه آنها عمیقاً تشنه آن هستند صلح وامنیت، عدالت قضائی و اجتماعی، توسعه صنعتی و اقتصادی، برخورداری از بهداشت بهتر و فرهنگ بیشتر است. در مورد عدالت اجتماعی باید تذکر داد که این ضرورت نه تنها در مورد کشورهای درحال توسعه احساس میشود، بلکه تا حد زیادی درکشورهای پیشرفته نیز صادق است، زیرا در بسیاری از این کشورها اگر چه پیشرفتهای اقتصادی وضع رضایت بخشی دارد ولی عدالت اجتماعی چنانکه باید حکمفرما نیست.

اصل دیگری که امروزه باید ازلحاظ بین المللی مورد توجه قرار گیرد توجه به وابستگی عمیق سر نوشت کشورها و ملل جهان بیکدیگر است. زمانی بود که آنچه در یک جامعه و کشور روی میداد حتی در مملکت همسایۀ آن تأثیری نداشت، و غالباً در فاصله جغرافیائی کمی اساساً از بروز چنین تغییراتی خبری نمییافتند. ولی امروزه نه تنها حوادث مهم هر نقطه‌ای از جهان در دورترین نقاط دیگر اثر میبخشد، بلکه حتی امور روزمره و عادی داخلۀ هر کشور کمابیش در وضع موجود بین المللی اثر میگذارد، و بهمین نسبت هر گونه اختلافی در دنیا ولو اختلاف محلی باشد ممکن است نطفه یک اختلاف جهانی را دربطن خویش داشته باشد.

بنا بر این مسئولان حکومت در کشورهای مختلف جهان، امروزه نه تنها مسئول امور خاص مملکت خود هستند بلکه موظفند

در عین حال با دیدی جهانی بدین وظایف و مسئولیتها نگاه کنند.
واقعیت این است که هر کشور، امروزه درعین آنکه یک واحد مستقل سیاسی است جزئی از یک واحد خیلی بزرگتری است که دنیای بشری نام دارد، ودراین واحد بزرگ هر جزء همانقدرکه برای خودمستقل است مانند افراد یک خانواده درمقابل همهٔ خانواده وظائف و وابستگیها و تعهداتی دارد.

این اصل وابستگی سرنوشت ملل جهان بیکدیگر، خواه‌ناخواه یک مسئله بسیار مهم را مطرح میکند، و آن‌وجود اختلاف فاحش‌بین سطح زندگی کشورهای مختلف جهان و شکاف عمیقی است که ازین بابت میان ملل غنی و ملل فقیر وجود دارد.

بارها در سخنان خود، چه در داخل و چه در خارج کشور، متذکر شده‌ام که این امر عامل اصلی وجود وضع قابل انفجار امروزه جهان است، زیرا متأسفانه وضع موجود طوری است که این شکاف روز بروز بیشتر میشود، یعنی هر روزکه میگذرد دول غنی‌غنی‌تر ودول‌فقیر فقیرتر میشوند.

البته وجود این اختلاف فاحش در حال حاضر امری طبیعی است، زیرا این وضع نتیجه یک سیر تحول ممتد اجتماعی و اقتصادی است که قسمتی از آن بطور مشروع صورت گرفته و متأسفانه قسمتی از آن نیز نامشروع بوده است. آن قسمت که مشروع است، ابراز شایستگی بیشتری از جانب ملل پیشرفته دربکار بردن نیروها و استعدادهای فکری خویش و استفاده از امکانات علم و صنعت و تکنیک در راه بهره‌برداری اقتصادی کاملتری از نیروهای طبیعی است، و آن قسمت که نا مشروع است استفاده‌ای است که غالباً این جوامع بر اساس

تفوق سیاسی یا نظامی خود ، از راه استعمار و بهره برداری از منابع ثروتهای طبیعی و نیروی انسانی سایر ملل واقوام بقیمت عقب نگاهداشتن خود آنها بعمل آورده‌اند.

بهر حال ، نتیجه این شده است که امروزه جامعهٔ بشری بطرزی بسیار فاحش بدو دستهٔ پیشرفته و عقب مانده و غنی و فقیر تقسیم شده است . ولی مسلماً نه منطقی و نه عادلانه و نه بخصوص منطبق با مصالح و منافع نهائی خود ملل پیشرفته و غنی است که بخواهند این وضع همچنان پایدار بماند و بصورت الزامی بدان دسته از ملل و ممالکی که درشرایط نامساعد بسر میبرند تحمیل گردد ، زیرا این دسته ازمردم جهان که اکثریت افراد روی زمین را تشکیل میدهند مسلماً نه تنها به ادامه دائمی این وضع گردن نخواهند نهاد ، بلکه بالعکس نارضائی روزافزون آنها ممکن است سرانجام منجر به انفجاری شود که در آن بازندهٔ اصلی آنهائی خواهند بود که امتیازات وشرائط عالیتری دارند ، زیرا آن دستهٔ دیگر اصولاً چیز زیادی ندارند که درین میان از دست بدهند.

البته باید بلافاصله این نکته را متذکر شوم که منظور این نیست که ملل پیشرفته بصورت اعانه یا صدقه کمکهای مالی بملل در حال توسعه بدهند که احیاناً ازطرف مردم این دسته از ملل بدون اینکه خودشان کوشش و تلاشی برای بهبود وضع خویش بکنند برای زندگی روزمره‌آنها مورداستفاده قرارگیرد . هیچ عقل سلیمی نه‌چنین توقعی را از ملل مرفه و مترقی جهان دارد و نه چنین اجازه‌ای را بملل عقب افتاده یا در حال توسعه میدهد. ولی آنچه حقاً مورد انتظار و توقع ملل در حال توسعه است ، و مصلحت واقعی ملل پیشرفته نیز

آنرا ایجاب میکند ، این است که این کشورها از راه کمکهای فنی واز راه سرمایه گزاری‌های ثمربخش و از راه همکاریهای صنعتی و علمی ، ممالک در حال توسعه را در پیشرفت‌اقتصادی و اجتماعی و بالابردن سطح زندگانی مادی و فرهنگی خود کمک و یاری دهند . یک توجه ساده باختلافی که امروز از این حیث درمیان این دو دسته‌ازکشورها وجود دارد کافی است که نشان دهد کوشش برای تعدیل این وضع تا چه‌اندازه فوری و ضروری است .

مثلا طبق آمارسازمان ملل متحد ، امروزه بیش از ۵۰ درصد جمعیت دنیا فقط ۱۲ درصد ازدرآمد کلی جهان را دارند ، درصورتیکه در مقابل ۱۲ درصد ازجمعیت جهان بتنهائی بیش از ۵۰ درصد این درآمد را دارا هستند ، و درحالیکه درآمد سرانهٔ دوسوم از مردم جهان غالباً از ۱۰۰ دلار در سال تجاوز نمیکند ،کمتر از یک سوم دیگر ازمردم جهان بین ۱۰۰۰ تا ۳۰۰۰ دلار درآمد سرانه سالانه دارند. بیش از نصف جمعیت تمام جهان فقط یک ربع از منابع غذائی دنیا را در اختیار دارند ، درصورتیکه کمتر از سی درصد از مردم جهان صاحب ۷۰ درصد منابع غذائی دنیا هستند. از نظر آموزشی ، درحالیکه درقسمتی ازجهان تقریباً همه مردم با سواد هستند ، در قسمت دیگر گاه این رقم حتی به ۲۰ درصد نمیرسد.

آیا وجود چنین وضعی را بآسانی میتوان قبول کرد ؟ کشورهای پیشرفته جهان غالباً از راه موعظه بکشورهای دیگر تذکر میدهند که وجود اختلاف فاحش‌طبقاتی‌در داخله آنها وضع قابل انفجاری‌را بوجود میآورد . درین صورت برای چه خودشان متوجه نباشند که بر اساس همین استدلال وجود چنین اختلافی در جامعهٔ بشری نیز همین وضع قابل انفجار را ایجاد میکند؟

البته ما این تذکر را بخاطر خودمان نمیدهیم ، زیرا امروز کشور ما نه فقط دچار مشکلات ناشی از تضادهای اجتماعی نیست ، بلکه از نظر اقتصادی نیز از صف ممالک عقب افتاده بیرون آمده است و مسلماً در آیندهٔ نزدیک بصفوف کشورهای مترقی و ثروتمند جهان خواهد پیوست و بنوبهٔ خود بدیگران در راه توسعه و پیشرفت کمک خواهد کرد . تذکری که ما میدهیم یک صلاح اندیشی کلی است که از توجه به منافع واقعی جامعهٔ بشری سرچشمه میگیرد .

چندی پیش هنگام گشایش کنگره جهانی ایران شناسان در تهران تذکر دادم که : « امروزه پیروزی واقعی ملتها در قدرت نمائی نظامی و مادی آنها نیست ، بلکه در درجه موفقیت آنها در غلبه بر فقر و جهل و بیسوادی ، غلبه بر بیعدالتیهای قضائی و اجتماعی ، در تعمیم دانش و تأمین سطح زندگی اقتصادی بهتر و رفاه و عدالت اجتماعی زیادتری برای افراد نهفته است » ، و تصریح کردم که : « جنگ واقعی امروزه عالم بشریت ، جهاد انسانها برای از میان بردن تبعیضها و بیعدالتیهای اجتماعی ملی و بین‌المللی است . »

امروزه دیگر عطش روز افزون مردم کشورها را به اصلاحات واقعی و برخورداری از حقوق حقه انسانی خود با هیچ نیروئی از میان نمیتوان برد . اگر این انتظار مشروع توده‌ها بر آورده نشود ، سرکوبی آن از هر طریق که باشد دردی را دوا نمیتواند بکند ، در حالیکه بالعکس اگر پیکار در راه رفع تبعیضات در داخله کشورها و در روابط بین‌المللی چنانکه باید پیشرفت کند اساساً زمینه پیدایش هرگونه تشنج و بحرانی از میان میرود ، و دیگر علتی برای برهم خوردن صلح و امنیت بین‌المللی باقی نمیماند .

درتاریخ گذشته جهان، ما با دوره‌هائی مواجه میشویم که قدرت ونفوذ نظامی وسیاسی یک کشور بزرگ درادواری نسبتاً کوتاه یاطولانی، ضامن استقرار صلح درقسمتهای پهناوری ازجهان بوده است . شاید نخستین این دوره‌ها دوره «صلح ایرانی» بود . بعد از آن دوره «صلح رومی» فرارسید، ودر اعصار اخیر ما شاهد «صلح بریتانیائی» بودیم . ولی امروزه دیگر فقط یک صلح میتواند وجود داشته باشد، وآن صلح جهانی است . این صلح قبل از هرچیز، نه به قدرت نظامی دولتها بلکه به تأمین حقوق افراد وجوامع جهانی وابسته است .

دراین جا باید اصلی را تذکر دهم که برای نخستین بارآنرا در بهارسال ۱۳۴۰ دردانشگاه بخارست مطرح کردم، وآن لزوم تعدیلی اساسی دراستنباط ازمفهومی است که تاکنون برای حقوق افراد قائل بوده‌ایم . این حقوق تاعصر حاضر فقط مفهوم مساوات افراد را ازلحاظ سیاسی وقضائی داشت و مترقی ترین قوانین دموکراتیک غربی نیز بر همین اصول متکی بود .

ولی در دنیای ما دیگر حقوق سیاسی بدون حقوق اجتماعی، و عدالت قضائی بدون عدالت اجتماعی، ودموکراسی سیاسی بدون دموکراسی اقتصادی مفهوم واقعی ندارد . ممکن است درجامعه امروزی ما روز بروز مطالعات حقوقی کاملتری صورت گیرد و اصول و موازین حقوقی مستقرتر گردد ودراجرای بیغرضانه وکامل این موازین واصول سختگیری و مراقبت روزافزون بعمل آید . البته این خود پیشرفت بزرگی درامر استقرار عدالت است که باید ازآن بسیار خوشوقت بود . ولی اگر اتفاقاً خوداین قوانینی که میباید درحسن اجرای آنها مراقبت شود باعدالت اجتماعی تطبیق نداشته باشند، تکلیف چیست؟ اگر فی المثل درکشوری

که اقلیت حاکمهٔ آن طرفدار تبعیض نژادی است ، قوانینی که براین اساس وضع میشوند وطبعاً بعلت قانون بودن جنبه‌واجب‌الاجرا دارند هر چه بهتر اجرا گردند،آیامعنی‌واقعی‌چنین‌امری این‌نیست که درآن کشور درواقع‌بیعدالتی اجتماعی است که هرچه بیشتر تحقق یافته است ؟ آیا نتیجه استقرار کامل اصول دمکراسی سیاسی ، درصورتیکه این اصول با دمکراسی اقتصادی همراه نباشند ، این‌نیست که فقط برای آنهائی که از نظر اقتصادی در شرائط ممتازتری بسر میبرنـد امکانات قانـونـی و اطمینان بخش تری برای حفظ این شرایط و امتیازات تأمین گردد ؟

پیشرفت واقعی تمدن امروزه ما در گسستن روز افزون این قید و بندهائی است که در طول قرون از جانب اقلیتهای ممتاز بدست و پای اکثریتهای کم و بیش محروم اجتماع بسته شده است .

اجرای اصول این عدالت واقعی ، یعنی عدالت قضائی توأم با عدالت‌اجتماعی،حقوق سیاسی همراه باحقوق‌اجتماعی،دموکراسی‌سیاسی توأم‌بادموکراسی‌اقتصادی، امروزه نه‌تنها وظیفه ملی دولتها وحکومتها است ، بلکه هدیه‌ای است که هرحکومتی میباید به جامعه بشری وبه صلح جهانی بدهد . البته من‌نیز بااین گفته معروف جرج واشینگتن موافقم که «استوارترین ستون هرحکومتی استقرارعدالت است» ، ولی امروزه مسئله اصلی تنها لزوم اجرای این عدالت نیست ، مسئله این است که مفهوم گذشته این عدالت اکنون نارسا است و باید دردنیای کنونی آنرا به معنی بسیار وسیعترو جهانی تری درنظر گرفت و اجرا کرد .

مهمترین لازمه تحقق چنین هدفی این است که صرفاً براساس الزامات آینده به‌مسائل‌مختلف بنگریم .شاید دوره‌هائی‌ازتحول سیاسی

جهان درگذشته روح محافظه کاری را ایجاب میکرده است ، ولی امروز محافظه کاری ، بدین معنی که وظیفه اصلی خودرا حفظ اصول اجتماعی وحکومتی گذشته قرار دهد ، جز اینکه برمشکلات پیشرفت اجتماع ما بیفزاید حاصلی ندارد .

در دوره ما میتوان برای چنین نوع حکومتی جمله‌ای را که صدو بیست سال پیش دیزرائلی نخست وزیر انگلستان باقدری شیطنت بر زبان آورد صادق دانست که : « حکومت بر اساس محافظه کاری ، درواقع ریا کاری است که بدان سازمان اداری داده شده است .»

مهمترین نتیجه‌ای که این دید جدید در بر دارد توسعه تفاهم بین‌المللی است تا در پرتو آن هرملت بتواند باصلاحات اساسی داخلی خود بپردازد .

من احساس میکنم که کشور ما در این زمینهٔ بخصوص ، یک رسالت تاریخی بعهده دارد که همیشه آنرا تا آنجا که درقدرت خود داشته انجام داده است ، و بهمین جهت در دنیای امروز نیز میباید ما ادامه این رسالت را ازمهمترین وظایف خود بشماریم .

چندی پیش اظهارنظر ذیل را ازجانب « رنه گروسه» آکادمیسین و محقق عالیقدر فرانسوی خواندم که در آن وی این واقعیت تاریخی را در بارهٔ کشور ما بخوبی توصیف کرده است : « . . . اگر یکنفر خارجی را اجازهٔ اظهار نظر باشد ، باید بگویم که ایران حق بزرگی بر گردن بشریت دارد ، زیرا بشهادت تاریخ ، ایران بافرهنگ نیرومند و ظریفی که طی قرون پدید آورده وسیله تفاهم و هماهنگی ملل مختلف جهان شده است . چه بسیار جماعاتی که در تحت تأثیر

افکار ایرانی دارای فکر وعقیده مشترك شده‌اند! احساساتی که شعرای ایران ابراز داشته اند یک نفر فرانسوی را باندازه یک هندی، ویک ترك را باندازه یک گرجی تحت تأثیر قرار میدهد. عرفای ایران با وجود آنکه کاملاً مسلمان هستند باگفته خود همانقدر قلب یک مسیحی را به تپش در میآورند که دل یک برهمن را، و بهمین دلیل است که باید ایشان‌را بتمام بشریت متعلق دانست. درموقعی که نیک اندیشان جهان میکوشند تا دنیا را ازکینه توزی و ازهم پاشیدگی نجات بخشند، تمدن ایران نمونه‌ای تاریخی و عالی درین مورد به جهانیان نشان میدهد و نیروی معنوی عظیمی را بدانان عرضه میدارد. امروز شاید مهمترین مسئله این باشد که شرق و غرب زبان یکدیگر را بفهمند وباهم سازش کنند. ایران ثابت کرده است که چنین سازشی امکان پذیر است، زیرا براثر نبوغ فکری ومعنوی خود، وبواسطه سرمشقهائی که درتمام طول تاریخ خویش‌داده، درواقع خودرا بصورت تلاقی گاه شرق و غرب در آورده که درآن این اجزاء بصورتی متناسب با هم ترکیب یافته وبطوری غیر قابل تفکیک بهم پیوند خورده‌اند.»

به پیروی از همین سنت تاریخی ایران بود که دریکی ازسفرهای اخیر خود در خارج ازکشور اظهار داشتم: «... سیاست مامبتنی بر حفظ وحمایت ازصلح است. مادر ایران سیاستی را درپیش گرفته‌ایم که به آن سیاست مستقل ملی میگوئیم، و اصول آن عدم دخالت درامورداخلی کشورهای دیگر و همزیستی مسالمت‌آمیز است. باین اصول باید اضافه کنم که باید حتی از این مرحله هم گام فراترنهاد و همزیستی مسالمت آمیز را تبدیل به همکاری و تفاهم بین‌المللی کرد، و دامنه این‌تفاهم‌وهمکاری رامخصوصاً به کشورهائی

که دارای نظامهای سیاسی و اجتماعی متفاوت هستند بسط وتوسعه داد. زیرا حل تمام مشکلات اساسی که جهان امروز باآن رو برو است، ازقبیل بیسوادی، بیماری، گرسنگی، وعدم تغذیه کافی، احتیاج بدین همکاری وتفاهم دارد. ما بعنوان اصلی قطعی، پذیرفته‌ایم که راه تأمین مصالح واقعی کشورمان همزیستی و همکاری صمیمانه باهمهٔ کشور هاو ملل جهان براساس حفظحاکمیت ملی‌ما و آنهااست. ما پذیرفته‌ایم که‌صلح و تفاهم بین‌المللی شرط حیاتی و لازم برای پیشرفت اجتماع ما و هر اجتماع دیگر جهان است، درعین حال اعتقاد داریم که استقرار این تفاهم و صلح جز بر پایه رفع تبعیضها وبیعدالتیهای کنونی جهان، کوشش در تعدیل اختلاف فاحش سطح زندگی کشورهای پیشرفته باممالک‌باصطلاح درحال‌توسعه، حل‌عادلانه‌اختلافات نژادی‌ومذهبی، رعایت شرافتمندانه اصل همزیستی ایدئولوژیها وسیستمهای حکومتی مختلف، و خودداری کشورها از دخالت در امور داخلی یکدیگر، عملی نخواهد بود.»

فراموش مکنیم که در تحقق این همکاری مسالمت‌آمیز و تفاهم بین‌المللی مخصوصاً دولتهای مترقی و پیشرفته جهان هستند که وظیفه و مسئولیت سنگین‌تری را بعهده دارند، زیرا در درجه اول آنها هستند که میباید در رفع تبعیضات و بیعدالتیهای بین‌المللی بکوشند. امروزه، تحول سیاسی و اجتماعی جامعه بشری باعث‌شده است که کشورهای مستقل بسیاری پابعرصه وجود گذارند. غالب این کشورها از لحاظ اجتماعی و اقتصادی در شرایط بسیار نامطلوبی بسرمیبرند. . سطح درآمد ملی آنها پائین است. از نظربهداشت و فرهنگ موقعیت نامناسبی دارند. بسیاری از آنها در داخله خود با اختلافات قبائلی، مذهبی،

نژادی و اجتماعی دست بگریبانند که غالباً ناشی از تعصب و جهل و عدم رشد فکری است . با این همه ، تمام این کشورها اعضای همان خانوادهٔ بزرگ بشری هستند که ممالک مترقی و مرفه و پیشرفتهٔ خانواده بدان تعلق دارند و طبعاً توقع مشروع این ملل این است که کشورهای مترقی صمیمانه و با همه امکانات خود بدیشان کمک کنند تا آنها بتوانند روی پای خود بایستند و برای مواجهه با ابتلائات و مسائل اجتماعی و اقتصادی خود راه حلهای رضایت بخشی پیدا کنند و عقب ماندگی مادی و معنوی خویش را جبران نمایند . این کمکها باید همه جانبه و واقعی باشد ، یعنی چه در رشته اقتصادی ، چه در امور اجتماعی و آموزشی و بهداشتی ، چه از نظر کادرهای فنی و چه از لحاظ کمکهای مالی صورتی واقعاً مؤثر و ثمر بخش داشته باشد .

هر قدر این همکاری زودتر و بهتر و بر اساس حسن تفاهم و همکاری کاملتری عملی شود ، جامعه بشری و در درجه اول خود کشورهای مترقی و مرفه از آن بیشتر استفاده خواهند برد ، زیرا تحول جامعه انسانی بسوی تعدیل تبعیضات و اختلافات و یکدست شدن این جامعه امری است که خواه ناخواه بموجب اقتضا و الزام تاریخ عملی خواهد شد ، و تجربه بارها بما نشان داده است که اگر خود باستقبال یک امر محتوم رویم ، نتایجی بسیار بهتر و با قبول خطری بسیار کمتر بدست خواهیم آورد تا اینکه بگذاریم حوادث بر ما پیشی گیرند .

دانشمند جامعه شناس فقید امریکائی، پرفسور ایگلتن، این حقیقت را بسیار خوب توجیه کرده است : «یکی از نقاط ضعف انسان این است

که تنها وقوع یک بدبختی ، یا قریب الوقوع بودن آن ، وی را به انجام آن کارهای اساسی وامیدارد که هم وجدان و هم عقل سلیم از مدتها پیش انجام آن را ازوی خواستار شده بودند . ولی متأسفانه غالباً موقعی این کار صورت میگیرد که دیگر پیشگیری حادثه غیرممکن شده است ، و حتی انجام اصل کار نیز ممکن است دیر شده باشد . »

برای اینکه لااقل یکبار چنین احتمالی وقوع نیافته باشد ، میل دارم قبل از پایان این کتاب نظریه ای را مطرح کنم که شاید توجه بموقع بدان بتواند از لحاظ کمک به حل مسائل اساسی اجتماعی امروزی جهان مفید واقع شود :

بطوریکه گفته شد ، امروز دنیای ما احتیاج مبرم به انواع تعدیلها و اصلاحات اساسی در همهٔ رشته ها دارد ، وتا وقتی که جامعهٔ بشری بصورت یک جامعهٔ هم آهنگ و یکپارچه در نیامده باشد و تبعیضات و اختلافات فاحش کنونی دراین جامعه ازمیان نرفته باشند ، این الزام بحال خود باقی خواهد بود ، و خواه نا خواه آثار آن بصورت تشنج های بین المللی ، انقلاب ها ، کودتاها ، ترورها ، جنگهای سرد وگرم ، مسابقه های کمر شکن تسلیحاتی در گوشه و کنار جهان بروز خواهد کرد .

درعین حال ، ما امروز بخوبی میدانیم که تقریباً هیچیک ازین حوادث و ناراحتیها خود بخود موردی منفرد و مستقل نیست ، بلکه همه آنها مانند حلقه های زنجیری بیکدیگر مربوط است . ما وقوع فاجعه های بزرگ را بچشم میبینیم و شاید اصطکاکهای دیگری را که با شدتی کمتر در نقاط مختلف جهان صورت میگیرد بهمین وضوح متوجه نباشیم ،

ولی همه این برخورد ها ، چه مرئی و چه نا مرئی ، زاده علتها و معلولهائی هستند که غالب آنها نه تنها جنبه محلی بلکه جنبه جهانی دارند، و علت آنکه آرام کردن یک وضع متشنج در یک نقطه جهان تأثیر قاطعی در رفع کلی تشنجات جهانی نمیبخشد ، همین است که ازین راه در رفع ماهیت واقعی بیماری اقدامی نمیشود، بلکه فقط بتسکین عوارض ظاهری آن اقدام میشود . ما بتجربه میدانیم که قرصهای مسکن میتوانند موقتاً درد را تسکین بخشند ، ولی ریشهٔ درد را از بین نمیبرند ، و اگر ما در دنیای امروز تنها به استفاده از قرصهای مسکن در عالم سیاست ودر بحرانهای بین المللی اکتفا کنیم باید یقین داشته باشیم که ماهیت بیماری نه تنها ازمیان نخواهد رفت، بلکه روزبروز شدیدتر وریشه دارتر خواهد شد.

بنابراین میباید برای ریشه کن کردن درد ، ماهیت واقعی آنرا تشخیص داد وبرای درمان اساسی باستقبال آن رفت. این ماهیت رامیباید درعلل عمیق وحقیقی درد، یعنی درتضادها ومسائل گوناگون اجتماعی و اقتصادی وتاریخی و جغرافیائی وفکری ونژادی جستجو کرد که امروزه در نزد اقوام و ملل مختلف جهان وجود دارد. اگر برآورد دقیقی ، صرفاً بطریق علمی و تحلیلی ، و بدون در نظر گرفتن نظریات سیاسی یا منافع خاصه ملل بزرگ یا کوچک در این باره صورت گیرد ، وحاصل آن بصورتی روشن و علمی بافکار عمومی جهانیان عرضه شود ، در آن صورت باحتمال قوی قسمت اعظم عوامل و شرایطی که نطفه تشنجات آینده را در خود نهفته دارند برای همهٔ ما روشن خواهند شد ، و از آن پس وظائف دولتها و ملتها ، ومسئولیتهائی که هردسته ازکشورها در

مقابل این شرائط و برای مواجهه با عواقب آنها بر عهده دارند نیز مشخص خواهد گردید.

چنین مطالعه و رسیدگی همه جانبه و بیغرضانه‌ای در بارهٔ شرایط سیاسی و اقتصادی واجتماعی جامعه بشری، کارسیاستمداران یا نمایندگان دولتها نیست، بلکه کارگروه صلاحیتداری از دانشمندان ومحققان بین المللی است که چنانکه گفته شد میباید موضوع را صرفاً ازنظر تحلیل و تجزیه علمی و بدون توجه به منافع و نظریات سیاسی دولتها یا محافل اقتصادی ملی و بین المللی مورد مطالعه وبررسی قرار دهند، و حاصل کار خویش را بصورت یک گزارش مستدل و دقیق در اختیار جهانیان بگذارند.

شاید این در صلاحیت سازمان ملل متحد یعنی بزرگترین مرجع همکاری جهانی باشد که دست به چنین ابتکاری بزند. در حال حاضر کمیته‌های متعددی در این سازمان وجود دارند که کار آنها رسیدگی بمسائل اجتماعی و اقتصادی و فرهنگی جهان است، ولی این کمیته‌ها از نمایندگان منصوبهٔ دولتهای جهان تشکیل شده‌اند، در صورتیکه آنچه مهم است این است که این بار این مسائل ازنظری بکلی متفاوت یعنی فقط از نظر جامعه بشری بعنوان یک واحد مستقل و غیر قابل تجزیه مورد رسیدگی قرار گیرند. اگر چنین اقدامی که در تاریخ جهان بی سابقه است تحقق یابد، در آنصورت شاید بتوان گفت که با تشخیص علمی و بیطرفانهٔ درد های جامعه ما راه برای درمان اساسی این درد ها نیز هموار خواهد شد، و درنتیجه از ظهور بسیاری از عوارض بیماری که خواه ناخواه در آینده بروز خواهند کرد جلوگیری بعمل خواهد آمد.

تکمیل اصول انقلاب

ملّی شدن آبهای کشور

نهضت نوسازی کشور

انقلاب اداری و آموزشی

توجه : چون شاهنشاه آریامهر سه اصل مزبور را بعد از نگارش کتاب انقلاب سفید ایران انشا و تصویب فرموده‌اند لذا به‌منظور آگاهی دربارهٔ این اصول قسمتی از سخنان شاهنشاه آریامهر در کاخ سنا هنگام گشایش پنجمین دورهٔ مجلس سنا و بیست‌ودومین دورهٔ مجلس شورای ملی در صفحهٔ بعد نقل می‌شود.

سخنان شاهنشاه

هنگام گشایش پنجمین دورهٔ مجلس سنا و بیست و دومین دورهٔ مجلس شورای ملی

جمعه چهاردهم مهرماه ۱۳۴۶

«... آنچه درحال حاضر تذکر آن از هرحیث لازم و ضروری است، این است که برای بشمررسانیدن کامل آثار این انقلاب می‌باید آن روحی که عامل ومحرك اصلی همهٔ این تحولات بوده است کماکان برقرار و پای‌برجا بماند و حتی قدرت و جهشی بیش از پیش پیدا کند. بدین‌جهت است که ما در نظر داریم مواد نه‌گانهٔ انقلاب را با سه مادهٔ دیگر تکمیل کنیم تا بدین‌ترتیب تحول اجتماع ایرانی بر اساس روح ومفهوم کلی آن بطور کاملتر و همه‌جانبه‌تری تحقق یابد.

از این سه‌اصل، یکی **ملی کردن تمام‌آبهای کشور** است، زیرا وضع طبیعی وجوی کشور ما طوری‌است که اجازهٔ اتلاف حتی یك‌قطره آب را به‌ما نمی‌دهد، وما باید در این مورد ترتیبی بدهیم که با منتهای دقت وبا استفاده از کاملترین اصول علمی و فنی، تمام منابع آبهای سطحی وآبهای زیرزمینی و رودخانه‌ها و دریاچه‌های آب شیرین را در کشور خود دقیقاً برآورد و ثبت کنیم و سپس با حداکثر استفاده از تکنیك وصنعت، آنهارا باصطلاح مهار نماییم تا با کمال صرفه‌جویی و با حداعلای بازده، به‌ترتیب اولویت به‌مصرف رفع نیازمندیهای خانگی وشهری و کشاورزی و صنعتی برسانیم.

البته با توجه به‌محدودیت مقدار آب در کشورما، آبی که به

مصرف امور کشاورزی می‌رسد باید در درجهٔ اول در آن اراضی که مرغوبیت و قابلیت دادن محصول بیشتری را دارند مصرف شود و از این جهت باید قطبهای جدید کشاورزی ایجاد گردد.

بدیهی است ما در کوششهای دامنه داری که امروزه در جهان به‌منظور شیرین کردن آبهای شور صورت می گیرد نیز با علاقه‌مندی شرکت خواهیم داشت، و خواهیم کوشید تا از هر گونه پیشرفتی که در این‌مورد نصیب علم وصنعت می‌شود به‌نفع خویش استفاده کنیم.

دومین اصلی که باید به‌اصول انقلاب ما افزوده شود، **نوسازی کشور درتمام مظاهر زندگی آن** چه در شهرها و چه در روستاست. کمال مطلوب ما در این مورد این‌است که زندگانی جدیدی برای عموم خانواده‌های ایرانی ایجاد و تأمین شود که از هر حیث با شئون اجتماعی ملت ایران، با آن روح ومفهوم عالی که ما برای حیثیت و شایستگی ایرانی قائل هستیم و با امکانات ثروت خداداد این مملکت و نیروی کامل کار افراد آن تناسب داشته باشد. برای نیل بدین‌هدف می‌باید تمام نیروها و امکانات مادی و معنوی اجتماع ما با همان روح تحرك و جهش انقلابی که لازمهٔ اصلی تحقق چنین هدفی است بکار افتد وهیچ قسمت از استعدادها در این‌مورد بیحاصل نماند.

اصل سوم از اصول تکمیلی سه گانه **انقلاب اداری وآموزشی** مملکت است ، بصورتی که بتواند از این حیث جوابگوی واقعی احتیاجات حال و آیندهٔ اجتماع نوین ما باشد. مفهوم این اصل این است که همهٔ افرادی که در سازمانهای اداری و دولتی مملکت وظیفه‌ای را اعم از بزرگ یا کوچك بعهده دارند، با کمال صداقت ووظیفه شناسی

و با قبول مسئولیت در انجام وظیفهٔ خود بکوشند، و روح اتلاف وقت و باصطلاح قرطاس‌بازی و بوروکراسی در ادارات ما از بین برود، و هر کارمند اداری بداند که وظیفهٔ او در درجهٔ اول سرعت در انجام مراجعات مردم و اجرای صحیح و بیغرضانهٔ وظایف اداری و تسهیل گردش کارهای کشور است، زیرا همین مردمند که از راه دادن مالیات حقوق این کارمندان را تأمین می‌کنند. ادارات ما می‌باید از روح مماطله و دفع‌الوقت و بی‌تصمیمی و نیز از تشبث و توسل پاک و منزه شوند، و روح خدمتگزاری و شور و علاقه‌ای که لازمهٔ تحول اجتماعی امروز ایران است جایگزین آن گردد. از طرف دیگر می‌باید تمرکز بی‌دلیل و زیاده از حد امور در پایتخت مملکت از میان برود و به استانها و شهرستانهای کشور امکان ابتکار و مسئولیت بیشتری در کارهای مربوط به‌خودشان داده شود. حتی شایسته است ترتیبی داده شود که خدمت در نواحی مختلف کشور با خدمت در پایتخت و شهرهای بزرگ لازم و ملزوم یکدیگر باشند. به‌هرصورت، اصلاح وضع دستگاههای دولتی و تجدید بنای سازمانهای اداری و تغییر اساسی در روش کار و اعمال مدیریت صحیح و دقت در حسن انجام کارهای اداری و سرعت اتخاذ تصمیم با بی‌نظری و خیرخواهی، اصولی است که قطعاً می‌باید در اجرای انقلاب اجتماعی ایران تحقق یابد. همینطور می‌باید تحول و جهشی اساسی در امر آموزش، به‌جوانان ایرانی امکان آن بدهد که استعدادهای مختلف آنان در هر رشته‌ای با بهترین صورت بتجلی درآیند و روح سازندگی و حس ابتکار و نوسازی و همکاری اجتماعی، پرورش بسیار کاملتری یابد، و هر کس در هر شغلی که بعهده می‌گیرد تبحر و تخصص داشته باشد. بدین

نظر، با توجه به اهمیت روزافزون تعلیمات حرفه‌ای و تخصصی، و با ضرورت تهیهٔ کادر لازم مدیریت در سطح بالا، به دولت دستور داده‌ایم که مطالعات لازم را در این مورد انجام داده و از نظر توسعه و تحولی که می‌باید در این زمینه در سازمان آموزشی کشور صورت گیرد، به بهترین وجهی که بتواند این منظور را تأمین کند تصمیمات لازم اتخاذ نماید. هدف اساسی از تحول آموزشی می‌باید این باشد که شخصیت جوانان ما و حس اعتماد به نفس ایشان از هر جهت تقویت شود تا افرادی که در آینده سرنوشت کشور را بدست خواهند گرفت برای قبول مسئولیتهای خود واقعاً آماده و مجهز باشند...»